全国普法学习读本
★ ★ ★ ★ ★

U0634944

综合教育法律法规学习读本

教育事业全面法律法规

叶浦芳　主编

加大全民普法力度，建设社会主义法治文化，树立宪法法律
至上、法律面前人人平等的法治理念。

——中国共产党第十九次全国代表大会《决胜全面建
成小康社会　夺取新时代中国特色社会主义伟大胜利》

汕头大学出版社

图书在版编目（CIP）数据

教育事业全面法律法规／叶浦芳主编． -- 汕头：
汕头大学出版社，2023.4（重印）
（综合教育法律法规学习读本）
ISBN 978-7-5658-3325-0

Ⅰ．①教… Ⅱ．①叶… Ⅲ．①教育法-中国-学习参
考资料 Ⅳ．①D922.164

中国版本图书馆 CIP 数据核字（2018）第 000651 号

教育事业全面法律法规　 JIAOYU SHIYE QUANMIAN FALÜ FAGUI

主　　编：叶浦芳
责任编辑：汪艳蕾
责任技编：黄东生
封面设计：大华文苑
出版发行：汕头大学出版社
　　　　　广东省汕头市大学路 243 号汕头大学校园内　邮政编码：515063
电　　话：0754-82904613
印　　刷：三河市元兴印务有限公司
开　　本：690mm×960mm 1/16
印　　张：18
字　　数：226 千字
版　　次：2018 年 1 月第 1 版
印　　次：2023 年 4 月第 2 次印刷
定　　价：59.60 元（全 2 册）
ISBN 978-7-5658-3325-0

前 言

习近平总书记指出："推进全民守法，必须着力增强全民法治观念。要坚持把全民普法和守法作为依法治国的长期基础性工作，采取有力措施加强法制宣传教育。要坚持法治教育从娃娃抓起，把法治教育纳入国民教育体系和精神文明创建内容，由易到难、循序渐进不断增强青少年的规则意识。要健全公民和组织守法信用记录，完善守法诚信褒奖机制和违法失信行为惩戒机制，形成守法光荣、违法可耻的社会氛围，使遵法守法成为全体人民共同追求和自觉行动。"

中共中央、国务院曾经转发了中央宣传部、司法部关于在公民中开展法治宣传教育的规划，并发出通知，要求各地区各部门结合实际认真贯彻执行。通知指出，全民普法和守法是依法治国的长期基础性工作。深入开展法治宣传教育，是全面建成小康社会和新农村的重要保障。

普法规划指出：各地区各部门要根据实际需要，从不同群体的特点出发，因地制宜开展有特色的法治宣传教育坚持集中法治宣传教育与经常性法治宣传教育相结合，深化法律进机关、进乡村、进社区、进学校、进企业、进单位的"法律六进"主题活动，完善工作标准，建立长效机制。

特别是农业、农村和农民问题，始终是关系党和人民事业发展的全局性和根本性问题。党中央、国务院发布的《关于推进社会主义新农村建设的若干意见》中明确提出要"加强农村法制建设，深入开展农村普法教育，增强农民的法制观念，提高农民依法行使权利和履行义务的自觉性。"多年普法实践证明，普及法律知识，提高法制观念，增强全社会依法办事意识具有重要作用。特别是在广大农村进行普法教育，是提高全民法律素质的需要。

多年来，我国在农村实行的改革开放取得了极大成功，农村发生了翻天覆地的变化，广大农民生活水平大大得到了提高。但是，由于历史和社会等原因，现阶段我国一些地区农民文化素质还不高，不学法、不懂法、不守法现象虽然较原来有所改变，但仍有相当一部分群众的法制观念仍很淡化，不懂、不愿借助法律来保护自身权益，这就极易受到不法的侵害，或极易进行违法犯罪活动，严重阻碍了全面建成小康社会和新农村步伐。

为此，根据党和政府的指示精神以及普法规划，特别是根据广大农村农民的现状，在有关部门和专家的指导下，特别编辑了这套《全国普法学习读本》。主要包括了广大人民群众应知应懂、实际实用的法律法规。为了辅导学习，附录还收入了相应法律法规的条例准则、实施细则、解读解答、案例分析等；同时为了突出法律法规的实际实用特点，兼顾地方性和特殊性，附录还收入了部分某些地方性法律法规以及非法律法规的政策文件、管理制度、应用表格等内容，拓展了本书的知识范围，使法律法规更"接地气"，便于读者学习掌握和实际应用。

在众多法律法规中，我们通过甄别，淘汰了废止的，精选了最新的、权威的和全面的。但有部分法律法规有些条款不适应当下情况了，却没有颁布新的，我们又不能擅自改动，只得保留原有条款，但附录却有相应的补充修改意见或通知等。众多法律法规根据不同内容和受众特点，经过归类组合，优化配套。整套普法读本非常全面系统，具有很强的学习性、实用性和指导性，非常适合用于广大农村和城乡普法学习教育与实践指导。总之，是全国全民普法的良好读本。

目　录

中华人民共和国教育法

中华人民共和国高等教育法

中华人民共和国民办教育促进法

中华人民共和国教育法

中华人民共和国主席令

第三十九号

《全国人民代表大会常务委员会关于修改〈中华人民共和国教育法〉的决定》已由中华人民共和国第十二届全国人民代表大会常务委员会第十八次会议于2015年12月27日通过，现予公布，自2016年6月1日起施行。

中华人民共和国主席　习近平

2015年12月27日

（1995年3月18日第八届全国人民代表大会第三次会议通过；根据2009年8月27日第十一届全国人民代表大会常务委员会第十次会议《关于修改部分法律的决定》第一次修正；根据2015年12月27日第十二届全国人民代表大会常务委员会第十八次会议

《关于修改〈中华人民共和国教育法〉的决定》第二
次修正)

第一章　总　则

第一条　为了发展教育事业，提高全民族的素质，促进社会主义物质文明和精神文明建设，根据宪法，制定本法。

第二条　在中华人民共和国境内的各级各类教育，适用本法。

第三条　国家坚持以马克思列宁主义、毛泽东思想和建设有中国特色社会主义理论为指导，遵循宪法确定的基本原则，发展社会主义的教育事业。

第四条　教育是社会主义现代化建设的基础，国家保障教育事业优先发展。

全社会应当关心和支持教育事业的发展。

全社会应当尊重教师。

第五条　教育必须为社会主义现代化建设服务、为人民服务，必须与生产劳动和社会实践相结合，培养德、智、体、美等方面全面发展的社会主义建设者和接班人。

第六条　教育应当坚持立德树人，对受教育者加强社会主义核心价值观教育，增强受教育者的社会责任感、创新精神和实践能力。

国家在受教育者中进行爱国主义、集体主义、中国特色社会主义的教育，进行理想、道德、纪律、法治、国防和民族团结的教育。

第七条　教育应当继承和弘扬中华民族优秀的历史文化传

统，吸收人类文明发展的一切优秀成果。

第八条 教育活动必须符合国家和社会公共利益。

国家教育与宗教相分离。任何组织和个人不得利用宗教进行妨碍国家教育制度的活动。

第九条 中华人民共和国公民有受教育的权利和义务。

公民不分民族、种族、性别、职业、财产状况、宗教信仰等，依法享有平等的受教育机会。

第十条 国家根据各少数民族的特点和需要，帮助各少数民族地区发展教育事业。

国家扶持边远贫困地区发展教育事业。

国家扶持和发展残疾人教育事业。

第十一条 国家适应社会主义市场经济发展和社会进步的需要，推进教育改革，推动各级各类教育协调发展、衔接融通，完善现代国民教育体系，健全终身教育体系，提高教育现代化水平。

国家采取措施促进教育公平，推动教育均衡发展。

国家支持、鼓励和组织教育科学研究，推广教育科学研究成果，促进教育质量提高。

第十二条 国家通用语言文字为学校及其他教育机构的基本教育教学语言文字，学校及其他教育机构应当使用国家通用语言文字进行教育教学。

民族自治地方以少数民族学生为主的学校及其他教育机构，从实际出发，使用国家通用语言文字和本民族或者当地民族通用的语言文字实施双语教育。

国家采取措施，为少数民族学生为主的学校及其他教育机构实施双语教育提供条件和支持。

第十三条　国家对发展教育事业做出突出贡献的组织和个人，给予奖励。

第十四条　国务院和地方各级人民政府根据分级管理、分工负责的原则，领导和管理教育工作。

中等及中等以下教育在国务院领导下，由地方人民政府管理。

高等教育由国务院和省、自治区、直辖市人民政府管理。

第十五条　国务院教育行政部门主管全国教育工作，统筹规划、协调管理全国的教育事业。

县级以上地方各级人民政府教育行政部门主管本行政区域内的教育工作。

县级以上各级人民政府其他有关部门在各自的职责范围内，负责有关的教育工作。

第十六条　国务院和县级以上地方各级人民政府应当向本级人民代表大会或者其常务委员会报告教育工作和教育经费预算、决算情况，接受监督。

第二章　教育基本制度

第十七条　国家实行学前教育、初等教育、中等教育、高等教育的学校教育制度。

国家建立科学的学制系统。学制系统内的学校和其他教育机构的设置、教育形式、修业年限、招生对象、培养目标等，由国务院或者由国务院授权教育行政部门规定。

第十八条　国家制定学前教育标准，加快普及学前教育，构建覆盖城乡，特别是农村的学前教育公共服务体系。

各级人民政府应当采取措施，为适龄儿童接受学前教育提供条件和支持。

第十九条 国家实行九年制义务教育制度。

各级人民政府采取各种措施保障适龄儿童、少年就学。

适龄儿童、少年的父母或者其他监护人以及有关社会组织和个人有义务使适龄儿童、少年接受并完成规定年限的义务教育。

第二十条 国家实行职业教育制度和继续教育制度。

各级人民政府、有关行政部门和行业组织以及企业事业组织应当采取措施，发展并保障公民接受职业学校教育或者各种形式的职业培训。

国家鼓励发展多种形式的继续教育，使公民接受适当形式的政治、经济、文化、科学、技术、业务等方面的教育，促进不同类型学习成果的互认和衔接，推动全民终身学习。

第二十一条 国家实行国家教育考试制度。

国家教育考试由国务院教育行政部门确定种类，并由国家批准的实施教育考试的机构承办。

第二十二条 国家实行学业证书制度。

经国家批准设立或者认可的学校及其他教育机构按照国家有关规定，颁发学历证书或者其他学业证书。

第二十三条 国家实行学位制度。

学位授予单位依法对达到一定学术水平或者专业技术水平的人员授予相应的学位，颁发学位证书。

第二十四条 各级人民政府、基层群众性自治组织和企业事业组织应当采取各种措施，开展扫除文盲的教育工作。

按照国家规定具有接受扫除文盲教育能力的公民，应当接受扫除文盲的教育。

第二十五条　国家实行教育督导制度和学校及其他教育机构教育评估制度。

第三章　学校及其他教育机构

第二十六条　国家制定教育发展规划，并举办学校及其他教育机构。

国家鼓励企业事业组织、社会团体、其他社会组织及公民个人依法举办学校及其他教育机构。

国家举办学校及其他教育机构，应当坚持勤俭节约的原则。

以财政性经费、捐赠资产举办或者参与举办的学校及其他教育机构不得设立为营利性组织。

第二十七条　设立学校及其他教育机构，必须具备下列基本条件：

（一）有组织机构和章程；

（二）有合格的教师；

（三）有符合规定标准的教学场所及设施、设备等；

（四）有必备的办学资金和稳定的经费来源。

第二十八条　学校及其他教育机构的设立、变更和终止，应当按照国家有关规定办理审核、批准、注册或者备案手续。

第二十九条　学校及其他教育机构行使下列权利：

（一）按照章程自主管理；

（二）组织实施教育教学活动；

（三）招收学生或者其他受教育者；

（四）对受教育者进行学籍管理，实施奖励或者处分；

（五）对受教育者颁发相应的学业证书；

（六）聘任教师及其他职工，实施奖励或者处分；

（七）管理、使用本单位的设施和经费；

（八）拒绝任何组织和个人对教育教学活动的非法干涉；

（九）法律、法规规定的其他权利。

国家保护学校及其他教育机构的合法权益不受侵犯。

第三十条 学校及其他教育机构应当履行下列义务：

（一）遵守法律、法规；

（二）贯彻国家的教育方针，执行国家教育教学标准，保证教育教学质量；

（三）维护受教育者、教师及其他职工的合法权益；

（四）以适当方式为受教育者及其监护人了解受教育者的学业成绩及其他有关情况提供便利；

（五）遵照国家有关规定收取费用并公开收费项目；

（六）依法接受监督。

第三十一条 学校及其他教育机构的举办者按照国家有关规定，确定其所举办的学校或者其他教育机构的管理体制。

学校及其他教育机构的校长或者主要行政负责人必须由具有中华人民共和国国籍、在中国境内定居、并具备国家规定任职条件的公民担任，其任免按照国家有关规定办理。学校的教学及其他行政管理，由校长负责。

学校及其他教育机构应当按照国家有关规定，通过以教师为主体的教职工代表大会等组织形式，保障教职工参与民主管理和监督。

第三十二条 学校及其他教育机构具备法人条件的，自批准设立或者登记注册之日起取得法人资格。

学校及其他教育机构在民事活动中依法享有民事权利，承担民事责任。

学校及其他教育机构中的国有资产属于国家所有。

学校及其他教育机构兴办的校办产业独立承担民事责任。

第四章　教师和其他教育工作者

第三十三条　教师享有法律规定的权利，履行法律规定的义务，忠诚于人民的教育事业。

第三十四条　国家保护教师的合法权益，改善教师的工作条件和生活条件，提高教师的社会地位。

教师的工资报酬、福利待遇，依照法律、法规的规定办理。

第三十五条　国家实行教师资格、职务、聘任制度，通过考核、奖励、培养和培训，提高教师素质，加强教师队伍建设。

第三十六条　学校及其他教育机构中的管理人员，实行教育职员制度。

学校及其他教育机构中的教学辅助人员和其他专业技术人员，实行专业技术职务聘任制度。

第五章　受教育者

第三十七条　受教育者在入学、升学、就业等方面依法享有平等权利。

学校和有关行政部门应当按照国家有关规定，保障女子在入学、升学、就业、授予学位、派出留学等方面享有同男子平等的权利。

第三十八条　国家、社会对符合入学条件、家庭经济困难的儿童、少年、青年，提供各种形式的资助。

第三十九条　国家、社会、学校及其他教育机构应当根据残疾人身心特性和需要实施教育，并为其提供帮助和便利。

第四十条　国家、社会、家庭、学校及其他教育机构应当为有违法犯罪行为的未成年人接受教育创造条件。

第四十一条　从业人员有依法接受职业培训和继续教育的权利和义务。

国家机关、企业事业组织和其他社会组织，应当为本单位职工的学习和培训提供条件和便利。

第四十二条　国家鼓励学校及其他教育机构、社会组织采取措施，为公民接受终身教育创造条件。

第四十三条　受教育者享有下列权利：

（一）参加教育教学计划安排的各种活动，使用教育教学设施、设备、图书资料；

（二）按照国家有关规定获得奖学金、贷学金、助学金；

（三）在学业成绩和品行上获得公正评价，完成规定的学业后获得相应的学业证书、学位证书；

（四）对学校给予的处分不服向有关部门提出申诉，对学校、教师侵犯其人身权、财产权等合法权益，提出申诉或者依法提起诉讼；

（五）法律、法规规定的其他权利。

第四十四条　受教育者应当履行下列义务：

（一）遵守法律、法规；

（二）遵守学生行为规范，尊敬师长，养成良好的思想品德和行为习惯；

（三）努力学习，完成规定的学习任务；

（四）遵守所在学校或者其他教育机构的管理制度。

第四十五条 教育、体育、卫生行政部门和学校及其他教育机构应当完善体育、卫生保健设施，保护学生的身心健康。

第六章 教育与社会

第四十六条 国家机关、军队、企业事业组织、社会团体及其他社会组织和个人，应当依法为儿童、少年、青年学生的身心健康成长创造良好的社会环境。

第四十七条 国家鼓励企业事业组织、社会团体及其他社会组织同高等学校、中等职业学校在教学、科研、技术开发和推广等方面进行多种形式的合作。

企业事业组织、社会团体及其他社会组织和个人，可以通过适当形式，支持学校的建设，参与学校管理。

第四十八条 国家机关、军队、企业事业组织及其他社会组织应当为学校组织的学生实习、社会实践活动提供帮助和便利。

第四十九条 学校及其他教育机构在不影响正常教育教学活动的前提下，应当积极参加当地的社会公益活动。

第五十条 未成年人的父母或者其他监护人应当为其未成年子女或者其他被监护人受教育提供必要条件。

未成年人的父母或者其他监护人应当配合学校及其他教育机构，对其未成年子女或者其他被监护人进行教育。

学校、教师可以对学生家长提供家庭教育指导。

第五十一条 图书馆、博物馆、科技馆、文化馆、美术馆、体育馆（场）等社会公共文化体育设施，以及历史文化古迹和革命纪念馆（地），应当对教师、学生实行优待，为受教育者接受教育提供便利。

广播、电视台（站）应当开设教育节目，促进受教育者思想品德、文化和科学技术素质的提高。

第五十二条　国家、社会建立和发展对未成年人进行校外教育的设施。

学校及其他教育机构应当同基层群众性自治组织、企业事业组织、社会团体相互配合，加强对未成年人的校外教育工作。

第五十三条　国家鼓励社会团体、社会文化机构及其他社会组织和个人开展有益于受教育者身心健康的社会文化教育活动。

第七章　教育投入与条件保障

第五十四条　国家建立以财政拨款为主、其他多种渠道筹措教育经费为辅的体制，逐步增加对教育的投入，保证国家举办的学校教育经费的稳定来源。

企业事业组织、社会团体及其他社会组织和个人依法举办的学校及其他教育机构，办学经费由举办者负责筹措，各级人民政府可以给予适当支持。

第五十五条　国家财政性教育经费支出占国民生产总值的比例应当随着国民经济的发展和财政收入的增长逐步提高。具体比例和实施步骤由国务院规定。

全国各级财政支出总额中教育经费所占比例应当随着国民经济的发展逐步提高。

第五十六条　各级人民政府的教育经费支出，按照事权和财权相统一的原则，在财政预算中单独列项。

各级人民政府教育财政拨款的增长应当高于财政经常性收入的增长，并使按在校学生人数平均的教育费用逐步增长，保证教师工资和学生人均公用经费逐步增长。

第五十七条 国务院及县级以上地方各级人民政府应当设立教育专项资金，重点扶持边远贫困地区、少数民族地区实施义务教育。

第五十八条 税务机关依法足额征收教育费附加，由教育行政部门统筹管理，主要用于实施义务教育。

省、自治区、直辖市人民政府根据国务院的有关规定，可以决定开征用于教育的地方附加费，专款专用。

第五十九条 国家采取优惠措施，鼓励和扶持学校在不影响正常教育教学的前提下开展勤工俭学和社会服务，兴办校办产业。

第六十条 国家鼓励境内、境外社会组织和个人捐资助学。

第六十一条 国家财政性教育经费、社会组织和个人对教育的捐赠，必须用于教育，不得挪用、克扣。

第六十二条 国家鼓励运用金融、信贷手段，支持教育事业的发展。

第六十三条 各级人民政府及其教育行政部门应当加强对学校及其他教育机构教育经费的监督管理，提高教育投资效益。

第六十四条 地方各级人民政府及其有关行政部门必须把学校的基本建设纳入城乡建设规划，统筹安排学校的基本建设用地及所需物资，按照国家有关规定实行优先、优惠政策。

第六十五条 各级人民政府对教科书及教学用图书资料的

出版发行，对教学仪器、设备的生产和供应，对用于学校教育教学和科学研究的图书资料、教学仪器、设备的进口，按照国家有关规定实行优先、优惠政策。

第六十六条　国家推进教育信息化，加快教育信息基础设施建设，利用信息技术促进优质教育资源普及共享，提高教育教学水平和教育管理水平。

县级以上人民政府及其有关部门应当发展教育信息技术和其他现代化教学方式，有关行政部门应当优先安排，给予扶持。

国家鼓励学校及其他教育机构推广运用现代化教学方式。

第八章　教育对外交流与合作

第六十七条　国家鼓励开展教育对外交流与合作，支持学校及其他教育机构引进优质教育资源，依法开展中外合作办学，发展国际教育服务，培养国际化人才。

教育对外交流与合作坚持独立自主、平等互利、相互尊重的原则，不得违反中国法律，不得损害国家主权、安全和社会公共利益。

第六十八条　中国境内公民出国留学、研究、进行学术交流或者任教，依照国家有关规定办理。

第六十九条　中国境外个人符合国家规定的条件并办理有关手续后，可以进入中国境内学校及其他教育机构学习、研究、进行学术交流或者任教，其合法权益受国家保护。

第七十条　中国对境外教育机构颁发的学位证书、学历证书及其他学业证书的承认，依照中华人民共和国缔结或者加入的国际条约办理，或者按照国家有关规定办理。

第九章　法律责任

第七十一条　违反国家有关规定，不按照预算核拨教育经费的，由同级人民政府限期核拨；情节严重的，对直接负责的主管人员和其他直接责任人员，依法给予处分。

违反国家财政制度、财务制度，挪用、克扣教育经费的，由上级机关责令限期归还被挪用、克扣的经费，并对直接负责的主管人员和其他直接责任人员，依法给予处分；构成犯罪的，依法追究刑事责任。

第七十二条　结伙斗殴、寻衅滋事，扰乱学校及其他教育机构教育教学秩序或者破坏校舍、场地及其他财产的，由公安机关给予治安管理处罚；构成犯罪的，依法追究刑事责任。

侵占学校及其他教育机构的校舍、场地及其他财产的，依法承担民事责任。

第七十三条　明知校舍或者教育教学设施有危险，而不采取措施，造成人员伤亡或者重大财产损失的，对直接负责的主管人员和其他直接责任人员，依法追究刑事责任。

第七十四条　违反国家有关规定，向学校或者其他教育机构收取费用的，由政府责令退还所收费用；对直接负责的主管人员和其他直接责任人员，依法给予处分。

第七十五条　违反国家有关规定，举办学校或者其他教育机构的，由教育行政部门或者其他有关行政部门予以撤销；有违法所得的，没收违法所得；对直接负责的主管人员和其他直接责任人员，依法给予处分。

第七十六条　学校或者其他教育机构违反国家有关规定招收学生的，由教育行政部门或者其他有关行政部门责令退回招收的学生，退还所收费用；对学校、其他教育机构给予警告，可以处违法所得五倍以下罚款；情节严重的，责令停止相关招生资格一年以上三年以下，直至撤销招生资格、吊销办学许可证；对直接负责的主管人员和其他直接责任人员，依法给予处分；构成犯罪的，依法追究刑事责任。

第七十七条　在招收学生工作中徇私舞弊的，由教育行政部门或者其他有关行政部门责令退回招收的人员；对直接负责的主管人员和其他直接责任人员，依法给予处分；构成犯罪的，依法追究刑事责任。

第七十八条　学校及其他教育机构违反国家有关规定向受教育者收取费用的，由教育行政部门或者其他有关行政部门责令退还所收费用；对直接负责的主管人员和其他直接责任人员，依法给予处分。

第七十九条　考生在国家教育考试中有下列行为之一的，由组织考试的教育考试机构工作人员在考试现场采取必要措施予以制止并终止其继续参加考试；组织考试的教育考试机构可以取消其相关考试资格或者考试成绩；情节严重的，由教育行政部门责令停止参加相关国家教育考试一年以上三年以下；构成违反治安管理行为的，由公安机关依法给予治安管理处罚；构成犯罪的，依法追究刑事责任：

（一）非法获取考试试题或者答案的；

（二）携带或者使用考试作弊器材、资料的；

（三）抄袭他人答案的；

（四）让他人代替自己参加考试的；

（五）其他以不正当手段获得考试成绩的作弊行为。

第八十条 任何组织或者个人在国家教育考试中有下列行为之一，有违法所得的，由公安机关没收违法所得，并处违法所得一倍以上五倍以下罚款；情节严重的，处五日以上十五日以下拘留；构成犯罪的，依法追究刑事责任；属于国家机关工作人员的，还应当依法给予处分：

（一）组织作弊的；

（二）通过提供考试作弊器材等方式为作弊提供帮助或者便利的；

（三）代替他人参加考试的；

（四）在考试结束前泄露、传播考试试题或者答案的；

（五）其他扰乱考试秩序的行为。

第八十一条 举办国家教育考试，教育行政部门、教育考试机构疏于管理，造成考场秩序混乱、作弊情况严重的，对直接负责的主管人员和其他直接责任人员，依法给予处分；构成犯罪的，依法追究刑事责任。

第八十二条 学校或者其他教育机构违反本法规定，颁发学位证书、学历证书或者其他学业证书的，由教育行政部门或者其他有关行政部门宣布证书无效，责令收回或者予以没收；有违法所得的，没收违法所得；情节严重的，责令停止相关招生资格一年以上三年以下，直至撤销招生资格、颁发证书资格；对直接负责的主管人员和其他直接责任人员，依法给予处分。

前款规定以外的任何组织或者个人制造、销售、颁发假冒学位证书、学历证书或者其他学业证书，构成违反治安管理行为的，由公安机关依法给予治安管理处罚；构成犯罪的，依法追究刑事责任。

　　以作弊、剽窃、抄袭等欺诈行为或者其他不正当手段获得学位证书、学历证书或者其他学业证书的，由颁发机构撤销相关证书。购买、使用假冒学位证书、学历证书或者其他学业证书，构成违反治安管理行为的，由公安机关依法给予治安管理处罚。

　　第八十三条　违反本法规定，侵犯教师、受教育者、学校或者其他教育机构的合法权益，造成损失、损害的，应当依法承担民事责任。

第十章　附　　则

　　第八十四条　军事学校教育由中央军事委员会根据本法的原则规定。

　　宗教学校教育由国务院另行规定。

　　第八十五条　境外的组织和个人在中国境内办学和合作办学的办法，由国务院规定。

　　第八十六条　本法自 1995 年 9 月 1 日起施行。

附　录

中共教育部党组关于加快直属高校
高层次人才发展的指导意见

教党〔2017〕40 号

部属各高等学校党委：

为深入贯彻中央《关于深化人才发展体制机制改革的意见》，落实立德树人根本任务，推进世界一流大学和一流学科建设，全面提高高等教育质量，现就加快直属高校高层次人才发展提出以下指导意见。

一、指导思想、基本原则和主要目标

（一）指导思想。全面贯彻党的十八大和十八届三中、四中、五中、六中全会精神，深入贯彻习近平总书记系列重要讲话精神和治国理政新理念新思想新战略，认真落实总书记关于"聚天下英才而用之"等重要论述，遵循高等教育发展规律和人才成长规律，牢固树立科学人才观，坚持以立德树人为根本、以增强人才活力为核心、以深化体制机制改革为着力点，加快培养造就具有国际竞争力的高层次人才队伍，为提升高校创新能力、推动高等教育事业发展提供坚实的人才支撑和制度保证。

（二）基本原则

坚持党管人才。进一步加强和改进党对人才工作的领导，健全党管人才领导体制和工作机制，创新党管人才方式方法，突出政治标准，严把政治方向。

服务发展大局。聚焦国家发展重大需求，增强社会服务能力，发挥高校对创新驱动发展的引领支撑作用。

突出育人导向。将立德树人要求贯穿高层次人才发展全过程，充分发挥其教学示范、科研模范和师德师风典范作用。

激发人才活力。向高校放权，为人才松绑，创新高层次人才发展体制机制，促使各方面人才各得其所、尽展其长。

优化人才布局。坚持正确导向，规范人才合理流动，加大对中西部、东北地区高校支持力度。

扩大人才开放。实施更积极、更开放、更有效的人才引进政策，深化对外交流合作，提升人才国际化水平。

（三）主要目标。到 2020 年，高层次人才队伍建设取得重大进展，规模、结构和质量适应事业发展需求，管理体制更加科学，培养引进、评价使用、激励保障、流动共享机制更加规范有效，创新创造活力充分迸发，服务创新驱动发展战略、推动国家经济社会发展的示范引领作用进一步增强，推动形成具有中国特色和国际竞争力的高等学校人才制度体系和发展环境。

二、强化高层次人才培育支持

（四）加强思想理论教育和政治引领。深入开展理想信念学习教育，坚定中国特色社会主义道路自信、理论自信、制度自信、文化自信。坚持以德立身、以德立学、以德施教，把社会主义核心价值观融入教书育人和人才发展全过程，引导高层次人才做社会主义核心价值观的坚定信仰者、积极传播者和模范践行者。在人才引进、人才选聘、课题申报、职称评审、导师遴选等过程中，坚持思想政治素质和师德规范要求，实行"一票否决"制。

（五）加大人才发展支持力度。完善人才发展投入机制，加大人才开发投入力度。实施重大建设工程和项目时，统筹安排人才开发培养经费。落实财政科研项目和资金管理规定，扩大高校在科研项目资金、差旅会议、基本建设、科研仪器设备采购等方面的管理权限，让经费更有效地为人才的创造性活动服务。鼓励高校多渠道筹措人才发展资金，引导社会力量参与支持高校人才队伍建设。高校要优化资源配置和管理方式，围绕人才合理配置研究生招生指标、科研经费、办公实验用房等核心资源，特别向高层次人才和优秀青年人才倾斜。

（六）着力造就杰出人才、领军人才及高水平创新团队。深入实施国家"千人计划""万人计划"和"长江学者奖励计划"等重大人才工程，支持高校牵头或参与国家实验室、大科学计划、大科学工程、大科学装置和国家智库建设，培养集聚一批具有国际影响的高层次人才和高水平创新团队。统筹实施各类哲学社会科学人才计划，着力发现、培养、集聚一批有深厚马克思主义理论素养、学贯中西的思想家和理论家，一批理论功底扎实、勇于开拓创新的学科带头人。支持高校设立杰出人才工作室，探索首席专家负责制，赋予领衔专家更大的人财物支配权、技术路线决策权。配合有关部门探索完善专业技术一级岗位设置。

（七）大力培养青年英才。完善"长江学者奖励计划"青年学者项目，鼓励高校积极参与创新人才推进计划、青年拔尖人才计划、优秀青年科学基金项目。中央高校基本科研业务费重点支持青年人才提升创新能力。加大国家留学基金资助力度，加强青年人才国际化培养。高校要完善青年人才培养机制，建立健全普惠性支持措施。改革完善青年人才管理体制，创新青年人才培养开发、评价发现、选拔任用、流动配置、激励保障机制，善于发现、重点支持、放手使用青年优秀人才。加强知识产权保护，鼓励青年人才创新创造。鼓励和支持青年人才参与战略前沿领域研究，着力培养一批青年科技创新领军人才。

（八）加强国际组织人才培养。加强高校国际组织后备人才队伍建设，支持高层次人才到国际组织任职服务。加强培训指导与信息服务，支持青年人才、优秀毕业生到国际组织实习任职。加快相关学科和人才培养基地建设，完善分层分类培养支持举措。大力实施国家留学基金"国际组织实习项目"，扩大国家公派出国留学相关专业人员选派规模。

三、加强海外高层次人才引进

（九）突出"高精尖缺"导向。围绕"一流大学和一流学科"建设，重点引进活跃在国际学术前沿、满足国家重大战略需求的一流科学家、学科领军人物和创新团队、高层次青年人才和急需紧缺青年专门人才。对国家急需紧缺的特殊人才，开辟专门渠道，实现精准引进。高校要科学制定引才规划，明确引才目标任务、重点领域和优先次序。

（十）加大海外高层次人才引进力度。更大力度实施海外引才计划、高等学校学科创新引智计划，吸引更多海外高层次人才和优秀青年人才来华从事教学、科研和管理工作。发挥驻外使（领）馆、华人华侨组织、校友组织和专业化人才服务机构作用，多渠道引进优秀人才。支持高校面向全球公开招聘院系负责人、学科带头人，在海外建立办学机构、人才工作站。建立访问学者制度，实施多元化、柔性人才引进机制，吸引海外人才以多种形式到校从事咨询、讲学、科研等活动。积极吸引海外优秀博士从事博士后研究。

（十一）充分发挥海外高层次人才作用。坚持充分尊重、积极支持、放手使用的方针，鼓励海外高层次人才在参与专业决策、领衔重大项目、开展教育教学改革和扩大对外交流等方面发挥更大作用。支持海外高层次人才承担科技计划项目及课题，深度参与科研攻关和技术创新，适度放开外籍高层次人才参与教学科研奖项评选限制。高校要发挥用人主体作用，完善支持配套政策，为海外高层次人才在生活上提供更多便利，在工作上提供更多机会和更大舞台。鼓励高校建立改革试验区，创新海外高层次人才组织和管理模式。

四、优化高层次人才考核评价

（十二）突出品德、能力和业绩导向。坚持德才兼备，以德为先，严把人才选聘考核政治关，引导高层次人才成为有理想信念、有道德情操、有扎实学识、有仁爱之心的教师楷模，成为学生锤炼品德、学习知识、创新思维、奉献祖国的引路人。突出教育教学实绩，把教书育人成效作为高层次人才考核的核心内容。完善科研评价导向，注重研究成果的学术价值和社会效益，建立代表性成果评价机制。坚持发展性评价与奖惩性评价相结合，充分发挥发展性评价对于人才专业发展的引领作用，合理发挥奖惩性评价的激励约束作用。

（十三）完善分类评价体系。根据学科、类型和人才发展阶段，逐步完善体现中国特色、符合国际通行标准的人才分类评价体系。充分发挥基层学术组织作用，完善具有学科特色的评价标准、评价流程。在坚持教科融合和岗位分类管理的基础上，针对教学、科研、社会服务等不同岗位的职责要求和工作特点，完善评价指标体系，各有侧重。对于职业成长期的人才，重点评价其发展潜力和创新能力；对于职业成熟期的人才，重点评价其专业领导力和影响力。

（十四）改进评价方式。科学设置考核评价周期和考核办法，激励高层次人才投身重大原始创新研究。完善同行评议制度，注重发挥"小同行"、国际同行评价作用。注重引入市场评价和社会评价，发挥多元评价主体作用。探索个人成长与团队发展相结合的评价方式，注重参与者在团队发展中的实际贡献。发挥专业化的人才评价机构作用，建立第三方评价机制。建立评审专家评价责任和信誉制度。

五、创新高层次人才激励保障机制

（十五）完善分配激励机制。建立健全有利于提高竞争力的内部分配机制，绩效工资向关键岗位、高层次人才、业务骨干和作出突出贡献的人员倾斜。鼓励高校实行高层次人才协议工资制、项目工资制等绩效工资分配方式，统筹考虑引进高层次人才与现有高层次人才工资待遇，建立符合实际、水平适当、发展均衡、管理规范的薪酬分配体系。教学科研人员依法取得的科技成果转化奖励收入、校外兼职收入不受绩效工资总额限制。

（十六）健全人才荣誉表彰制度。建立以政府奖励为导向、高校和社会力量奖励为主体的分层次多样化高层次人才奖励体系。落实国家荣誉制度，积极推荐高层次人才参评国家勋章和国家荣誉称号。开展教学名师等评选表彰，加强典型宣传，发挥示范引领作用。加强和改进高等学校教学科研优秀成果奖评选工作，积极推动完善哲学社会科学领域国家级奖励体系。高校要统筹完善校级人才荣誉表彰制度，褒扬优秀人才，营造良好氛围。

（十七）推动完善人才社会保障。健全完善社会保障体系，切实解决人才及家庭在签证、住房、医疗、保险、子女教育等方面的实际问题。对于高校急需的高层次人才优先办理引进手续。将高校全职长期聘用的海外人才依法纳入社会保障范围。做好社会保险转移接续工作，推动高校职员制度与社会保险制度相衔接。

六、促进高层次人才顺畅有序流动

（十八）支持高层次人才流动共享。鼓励高校在与科研机构、企业签署人才流动共享协议的基础上，通过协同创新、建立联合实验室、联合开展重大科研攻关等方式，实现人才资源优势互补。教学科研人员在学校同意的前提下，按规范的制度和程序到科研机构、企业兼职。高校可根据实际需要设立一定比例的流动岗位，吸纳企业、科研机构、行业部门和其他组织优秀人才到学校兼职。

（十九）加强高层次人才流动的规范化管理。强化高校与人才的契约关系和法治意识，落实聘用合同管理，明确双方权利、义务和违约责任等。国家人才计划入选者、重大科研项目负责人应重诺守信，模范遵守聘任合同，聘期内或项目执行期内原则上不得变更工作单位。发挥高校人才工作联盟作用，鼓励高校逐步建立行业自律机制和人才流动协商沟通机制，探索建立人才成果合理共享机制，探索人才流动中对前期培养投入的补偿机制，推动高层次人才诚信体系建设。

（二十）鼓励高层次人才向中西部和东北地区高校流动。坚持正确的人才流动导向，在薪酬、职务、职称晋升等方面采取倾斜政策，引导高层次人才向中西部和东北地区高校流动。突出重大人才项目政策导向，通过设立专项计划、适度放宽年龄限制、加大支持力度等方式进行倾斜。支持中西部和东北地区高校发掘特色资源，搭建特色平台，发展特色学科，增强人才集聚优势。不鼓励东部地区高校从中西部、东北地区高校引进人才，支持东部地区高校向中西部、东北地区高校输出人才，帮助中西部和东北地区"输血""造血"。

七、加强人才工作组织领导

（二十一）完善党管人才工作机制。认真落实党管人才原则，全面贯彻落实党的人才工作方针政策。健全党委领导和工作机制，及时研究部署人才工作，谋划大局，把握方向，解决问题，统筹推进高层次人才和其他各类人才发展。切实提高内部治理水平，落实为人才松绑改革要求，努力营造鼓励创新、宽容失败的工作环境，待遇适当、无后顾之忧的生活环境，公开平等、竞争择优的制度环境。

（二十二）实行人才工作目标责任考核。建立高校各级党政领导班子和领导干部人才工作目标责任制，将高层次人才发展列为落实党建工作责任制情况述职的重要内容。考核结果作为领导班子评优、干部评价的重要依据，与年度综合绩效考核挂钩。

（二十三）加强对人才的联系服务。开展高层次人才国情研修等教育实践活动，强化政治引领和政治吸纳。落实领导干部联系服务专家制度，班子成员要带头听取专家意见建议，帮助解决实际问题，密切思想感情联系。充分发挥人才在决策咨询、评审评估、科学普及和知识传播等方面作用，加强高层次人才典型宣传。组织专家体检、休假和疗养，提供良好医疗保健服务，关心高层次人才身心健康。

中共教育部党组

2017 年 7 月 25 日

关于进一步落实高等教育学生资助政策的通知

财科教〔2017〕21 号

党中央有关部门，国务院有关部委、有关直属机构，各省、自治区、直辖市、计划单列市财政厅（局）、教育厅（局、教委）、银监局，新疆生产建设兵团财务局、教育局，中国人民银行上海总部及各分行、营业管理部、省会（首府）城市中心支行、副省级城市中心支行，中央部门所属各高等学校，有关银行业金融机构：

为进一步加强和规范高等教育学生（含全日制普通本专科生、研究生、预科生）资助工作，确保学生资助政策落实到位，现将有关事项通知如下：

一、进一步完善高等教育学生资助政策

（一）确保研究生奖助政策不留死角。科研院所、党校、行政学院、会计学院等研究生培养单位要按照《财政部 国家发展改革委 教育部关于完善研究生教育投入机制的意见》（财教〔2013〕19 号）等要求，全面落实研究生奖助政策，确保符合条件的研究生都能享受到相应的资助，做到不留死角。所需资金按照现行规定和渠道解决，科研院所等培养单位要按照预算管理程序编列预算，并统筹利用事业收入、社会捐助等资金加大对家庭经济困难学生的资助力度。

（二）做好预科生资助相关工作。预科生可按照规定享受相应教育阶段的国家助学金、国家助学贷款政策。国家助学金、国家助学贷款贴息及风险补偿金所需资金，比照相应教育阶段资金筹集办法解决。

（三）推动国家助学贷款全覆盖。进一步拓展国家助学贷款业务覆盖范围，实现高校、科研院所、党校、行政学院、会计学院等培养单位全覆盖，实现全日制普通本专科生、研究生、预科生全覆盖。科研院所、党校、行政学院、会计学院等目前尚未开办国家助学贷款业务的培养单位，从 2017 年秋季学期起全面开办，其家庭经济困难的全日制在校学生可根据实际情况，自主选择申请办理校园地国家助学贷款或生源地信用助学贷款。

（四）完善基层就业学费补偿贷款代偿等政策。尚未出台高校毕业生赴基层就业学费补偿贷款代偿政策的省份，应当于 2017 年 4 月 30 日前出台相关政策。生源地、就读高校所在地、就业所在地不在同一省份的毕业生，按照"谁用人谁资助"的原则，由就业所在地区给予学费补偿贷款代偿。

（五）落实民办高校同等资助政策。民办高校学生与公办高校学生按照规定同等享受助学贷款、奖助学金等国家资助政策。各地区应当建立健全民办高校助学贷款业务扶持制度，提高民办高校家庭经济困难学生获得资助的比例。

二、进一步提高资助精准度

（六）加强家庭经济困难学生认定工作。各省级教育、财政部门要根据经济社会发展水平、城市居民最低生活保障标准以及财力状况等因素，确定本地区家庭经济困难学生的认定指导标准。高校等培养单位要根据指导标准，结合收费水平、学生家庭经济状况等因素，制（修）订具体的认定标准和资助档次。高校等培养单位要逐步建立学生资助数据平台，融合校园卡等信息，为家庭经济困难学生认定提供支撑。

（七）加大对建档立卡等家庭经济困难学生的资助力度。各地区、高校等培养单位要把建档立卡家庭经济困难学生、农村低保家庭学生、农村特困救助供养学生、孤残学生、烈士子女以及家庭遭遇自然灾害或突发事件等特殊情况的学生作为重点资助对象，国家助学金等相关资助政策原则上应当按照最高档次或标准给予相应资助，确保其顺利就学。

（八）优化国家奖助学金等名额和资金分配机制。各地区、高校等培养单位在分配资助名额和资金时，不能简单地划比例、"一刀切"。各省级财政、教育部门要结合实际、因地制宜，对民族院校、以农林水地矿油核等国家需要的特殊学科专业为主、家庭经济困难学生较多的高校等培养单位倾斜。高校等培养单位要统筹考虑不同学科专业、培养层次、学生经济困难程度等因素，科学合理分配名额和资金。

（九）完善校内配套政策措施。在落实国家统一的资助政策基础上，高校等培养单位要结合实际，综合采取减免学费、发放特殊困难补助、开辟入学"绿色通道"、提供助研助教助管"三助"津贴等方式，打好"组合拳"，加大对家庭经济困难学生的资助力度。

三、进一步优化高等教育学生资助工作机制

（十）严格遵守规定程序和时间节点要求。各省级财政、教育部门要严格按照规定的时间节点，分解国家奖助学金等名额并下达所属培养单位。高校等培养单位要按时启动国家奖助学金评审等工作，严格履行各项程序。评审工作结束后，各地区、高校等培养单位应当及时将国家奖学金等有关评审材料、备案材料报送全国学生资助管理中心。

（十一）确保及时足额发放各类资助资金。高校等培养单位要严格按照规定的时间、标准、方式，及时足额将国家奖助学金等资助资金发放到符合条件的学生手中。确因特殊情况不能按时发放的，应当提前向学生说明有关情况，积极采取措施尽快发放，并保证补发到位。按月发放的资助资金，应做好寒暑假、学生毕业等特殊时段的衔接工作，确保全年发放金额达到规定的资助标准。

（十二）加强学生资助工作机构建设。尚未建立学生资助工作机构的高校等培养单位，要尽快建立机构或配备专门人员，做好学生资助服务保障工作。进一步加强县级学生资助管理机构和人员队伍建设，按照规定落实人员工资福利、职称评聘等方面待遇。

（十三）加强政策宣传和业务培训。各地区、高校等培养单位要有计划、有重点、有针对性地做好学生资助政策宣传工作，做到家喻户晓。要加强学生资助工作人员业务培训，增强资助工作人员的责任意识和服务意识，提升业务能力和工作质量。

四、进一步加强资助育人工作

（十四）更好地体现人文关怀。高校等培养单位在评定家庭经济困难学生时，要采用科学合理、更加人性化的方式，引导学生如实反映家庭经济困难情况。公示家庭经济困难学生受助情况等内容时，不应涉及学生隐私。宣传学生励志典型时，涉及受助学生的相关事项，应征得学生本人同意。

（十五）强化资助育人功能。各地区、高校等培养单位要紧紧围绕立德树人这一根本任务，将培养青年学生全面发展作为资助育人工作的目标，在奖助学金评选发放、国家助学贷款管理、开展勤工助学活动等环节，加强励志教育、诚信教育和社会责任感教育，培养青年学生自立自强、诚实守信、知恩感恩、勇于担当的良好品质。要帮助家庭经济困难学生正确面对困难，引导他们积极主动地利用国家资助完成学业，增强受助学生就业创业能力，促进受助学生成长成才。

财政部、教育部等部门将进一步加大对各地区、各培养单位学生资助工作的监督检查力度，将资助工作落实情况作为相关绩效评价和资金安排的重要依据。各地区、各培养单位要健全工作机制，狠抓工作落实，确保把好事办好，将党和政府的关怀及时传递给受助学生。

财政部　教育部　中国人民银行　银监会

2017 年 3 月 28 日

老年教育发展规划（2016—2020 年）

国务院办公厅关于印发老年教育发展规划

（2016—2020 年）的通知

国办发〔2016〕74 号

各省、自治区、直辖市人民政府，国务院各部委、各直属机构：

《老年教育发展规划（2016—2020 年）》已经国务院同意，现印发给你们，请结合实际认真贯彻执行。

国务院办公厅

2016 年 10 月 5 日

老年人是国家和社会的宝贵财富。老年教育是我国教育事业和老龄事业的重要组成部分。发展老年教育，是积极应对人口老龄化、实现教育现代化、建设学习型社会的重要举措，是满足老年人多样化学习需求、提升老年人生活品质、促进社会和谐的必然要求。为贯彻落实《中华人民共和国老年人权益保障法》、《国家中长期教育改革和发展规划纲要（2010—2020年）》，促进老年教育事业科学发展，制定本规划。

一、规划背景

当前我国已进入老龄化社会，2015 年底我国 60 岁以上老年人口已经达到 2.22 亿，占总人口的 16.1%，预计 2020 年老年人口将达到 2.43 亿，未来 20 年我国人口老龄化形势将更加严峻，"未富先老"的特征日益凸显，对我国社会主义现代化进程产生全面而深远影响，特别是老年人的精神文化和学习需求增长较快，发展老年教育的形势和任务更加紧迫。

世界上较早进入老龄化社会的国家和地区普遍出台终身教育、老年教育领域法律法规，并将老年教育政策作为重要的社会政策。许多国家通过兴办第三年龄大学、推动社区老年人互助学习、倡导老年人利用网络自主学习等多种形式发展老年教育。

党和国家高度重视老龄工作，积极推动老年教育事业发展。目前有700多万老年人在老年大学等机构学习，有上千万老年人通过社区教育、远程教育等各种形式参与学习，初步形成了多部门推动、多形式办学的老年教育发展格局。同时必须清醒地看到，我国老年教育还存在资源供给不足，城乡、区域间发展不平衡，保障机制不够健全，部门协调亟待加强，社会力量参与的深度和广度需进一步拓展等问题。解决这些问题，推动老年教育持续健康发展，是当前和今后一个时期积极应对人口老龄化、大力发展老龄服务事业和产业的迫切任务。

二、总体要求

（一）指导思想。全面贯彻党的十八大及十八届三中、四中、五中全会精神和习近平总书记系列重要讲话精神，落实党中央、国务院决策部署，按照"五位一体"总体布局和"四个全面"战略布局，牢固树立和贯彻落实创新、协调、绿色、开放、共享的新发展理念，坚持"党委领导、政府主导、社会参与、全民行动"的老龄工作方针，以扩大老年教育供给为重点，以创新老年教育体制机制为关键，以提高老年人的生命和生活质量为目的，整合社会资源、激发社会活力，提升老年教育现代化水平，让老年人共享改革发展成果，进一步实现老有所教、老有所学、老有所为、老有所乐，努力形成具有中国特色的老年教育发展新格局。

（二）基本原则。

保障权益、机会均等。保障老年人受教育权利，努力让不同年龄层次、文化程度、收入水平、健康状况的老年人均有接受教育的机会。充分利用各种资源，统筹加强组织管理，实现资源共享和协调发展，提高老年教育的可及性，最大限度满足各类老年群体学习需求。

政府主导、市场调节。发挥政府在制定规划、营造环境、加大投入等方面的作用，统筹协调各部门老年教育工作。激发社会活力，继续探索和完善政府购买服务机制，引导社会力量积极参与，带动相关产业发展。

优化布局、面向基层。在办好现有老年教育的基础上，将老年教育的增量重点放在基层和农村，形成以基层需求为导向的老年教育供给结构，优化城乡老年教育布局，促进老年教育与经济社会协调发展。

开放便利、灵活多样。促进各类教育机构开放，运用互联网等科技手段开展老年教育，为全体老年人创造学习条件、提供学习机会、做好学习服务。畅通学习渠道，方便就近学习，办好家门口的老年教育。

因地制宜、特色发展。从区域发展不平衡的实际和多样化的学习需求出发，因地制宜开展老年教育。鼓励结合当地历史、人文资源和民俗民风等特点，推动老年教育特色发展。

（三）主要目标。到 2020 年，基本形成覆盖广泛、灵活多样、特色鲜明、规范有序的老年教育新格局。老年教育法规制度逐步健全，职责明确、主体多元、平等参与、管办分离的管理体制和运行机制得到完善。老年教育基础能力有较大幅度提升，教育内容不断丰富，形式更加多样。各类老年教育机构服务能力进一步提升，全社会关注支持老年教育、参与举办老年教育的积极性显著提高。以各种形式经常性参与教育活动的老年人占老年人口总数的比例达到20%以上。

三、主要任务

（一）扩大老年教育资源供给。

优先发展城乡社区老年教育。完善基层社区老年教育服务体系，整合利用现有的社区教育机构、县级职教中心、乡镇成人文化技术学校等教育资源，以及群众艺术馆、文化馆、体育场、社区文化活动中心（文化活动室）、社区科普学校等，开展老年教育活动。建立健全"县（市、区）—乡镇（街道）—村（居委会）"三级社区老年教育网络，方便老年人就近学习。发展农村社区老年教育，有效整合乡村教育文化资源，以村民喜爱的形式开展适应农村老年人需求的教育活动。加强对农村散居、独居老人的教育服务。推进城乡老年教育对口支援，鼓励发达地区以建立分校或办学点、选送教师、配送学习资源、提供人员培训等方式，为边远地区和农村社区老年教育提供支援。

促进各级各类学校开展老年教育。推动各级各类学校向区域内老年人开放场地、图书馆、设施设备等资源，为他们便利化学习提供支持，积极接收有学习需求的老年人入校学习。探索院校利用自身教育资源举办老年教育（学校）的模式。推动普通高校和职业院校面向老年人提供课程资源，特别是艺术类、医药卫生类、师范类院校和开设有养生保健、文化艺术、信息技术、家政服务、社会工作、医疗护理、园艺花卉、传统工艺等专业的职业院校，应结合学校特色开发老年教育课程，为社区、老年教育机构及养老服务机构等积极提供支持服务，共享课程与教学资源。推动开放大学和广播电视大学举办"老年开放大学"或"网上老年大学"，并延伸至乡镇（街道）、城乡社区，建立老年学习网点。

推动老年大学面向社会办学。部门、行业企业、高校等举办的老年大学要树立新的办学理念，积极创造条件，采取多种形式，提高办学开放度，逐步从服务本单位、本系统离退休职工向服务社会老年人转变。省、市两级老年大学在开展教育教学工作的同时，要在办学模式示范、教学业务指导、课程资源开发等方面对区域内老年教育发挥带动和引领作用，将老年大学集聚的教育资源向基层和社区辐射。加强老年大学与社会教育机构的合作，组建老年教育联盟（集团）。

（二）拓展老年教育发展路径。

丰富老年教育内容和形式。积极开展老年人思想道德、科学文化、养生保健、心理健康、职业技能、法律法规、家庭理财、闲暇生活、代际沟通、生命尊严等方面的教育，帮助老年人提高生活品质，实现人生价值。创新教学方法，将课堂学习和各类文化活动相结合，积极探索体验式学习、远程学习、在线学习等模式，引导开展读书、讲座、参观、展演、游学、志愿服务等多种形式的老年教育活动。鼓励老年人自主学习，支持建立不同类型的学习团队。

探索养教结合新模式。整合利用社区居家养老资源，在社区老年人日间照料中心、托老所等各类社区居家养老场所内，开展形式多样的老年教育。积极探索在老年养护院、城市社会福利院、农村敬老院等养老服务机构中设立固定的学习场所，配备教学设施设备，通过开设课程、举办讲座、展示学习成果等形式，推进养教一体化，推动老年教育融入养老服务体系，丰富住养老人的精神文化生活。关注失能失智及盲聋等特殊老人群体，提供康复教育一体化服务。

积极开发老年人力资源。用好老年人这一宝贵财富，充分发挥老年人的智力优势、经验优势、技能优势，为其参与经济社会活动搭建平台、提供教育支持。发挥老年人在传承中华优秀传统文化、引导全社会特别是青少年培育和践行社会主义核心价值观等方面的积极作用，彰显长者风范。鼓励老年人利用所学所长，在科学普及、环境保护、社区服务、治安维稳等方面积极服务社会、奉献社会。

（三）加强老年教育支持服务。

运用信息技术服务老年教育。加强数字化学习资源跨区域、跨部门共建共享，开展对现有老年教育课程的数字化改造，开发适合老年人远程学习的数字化资源。通过互联网、数字电视等渠道，加强优质老年学习资源对农村、边远、贫困、民族地区的辐射。推动信息技术融入老年教育教学全过程，推进线上线下一体化教学，支持老年人网上学习。运用信息化手段，为老年人提供导学服务、个性化学习推荐等学习支持。

整合文化体育科技资源服务老年教育。推动美术馆、图书馆、文化馆（站、中心）、科技馆、博物馆、纪念馆、公共体育设施、爱国主义示范基地、科普教育基地等向老年人免费开放。鼓励有条件的地区发挥文化、教育、体育、科技等资源优势，结合区域实际，建设不同主题、富有特色的老年教育学习体验基地。充分发挥广播电视、报刊杂志、门户网站等媒体作用，开设贴近老年人生活的专栏专题。

（四）创新老年教育发展机制。

鼓励社会力量参与老年教育。充分激发市场活力，推进举办主体、资金筹措渠道的多元化，通过政府购买服务、项目合作等多种方式，支持和鼓励各类社会力量通过独资、合资、合作等形式举办或参与老年教育。运用市场机制调节供需关系，进一步优化老年教育的市场结构、内容和布局。加强规划指导和外部监管，营造平等参与、公平竞争的市场环境。充分发挥社会组织在老年教育中的作用，鼓励其通过提供师资、开发课程等方式支持开展老年教育。支持老年教育领域社会组织和老年志愿服务团队发展。

促进老年教育与相关产业联动。扩大老年教育消费，发掘与老年教育密切相关的养老服务、旅游、服装服饰、文化等产业价值，促进生活性服务业提档升级，拉动内需，推动投资增长和相关产业发展。

（五）促进老年教育可持续发展。

加强学科建设与人才培养培训。鼓励综合类高校、师范类院校、职业院校开设老年教育相关专业，其他高校也要加强老年教育相关专业建设。支持有条件的高校开展老年教育方向的研究生教育，加快培养老年教育教学、科研和管理人才。鼓励老年教育机构的专任教师和管理人员在职进修老年教育专业课程，攻读相关专业学位。

加强理论与政策研究。依托有关高校、科研院所、老年教育机构等建立若干个老年教育研究基地，开展老年教育基础理论研究、政策研究和应用研究，探讨和解决老年教育发展中的重大理论和实践问题。加强老年教育学术期刊建设，搭建优秀成果共享和推广平台。鼓励社会组织开展老年教育优秀研究成果交流活动。

加强国际交流合作。积极参与有关国际教育组织的活动，加强与国外老年教育机构的交流与合作，借鉴国外老年教育先进理念和做法，宣传推广我国发展老年教育的经验与成果，扩大我国老年教育的国际影响力。

四、重点推进计划

（一）社会主义核心价值观培育计划。将培育和践行社会主义核心价值观作为老年教育的重要内容，编写相关读本，设计形式多样的教育活动项目，将社会主义核心价值观融入老年人学习和活动之中。积极推进校园文化建设，培育优良校风、教风、学风，打造一批在培育和践行社会主义核心价值观方面具有示范作用的老年学校、老年学习团队。

（二）老年教育机构基础能力提升计划。整合资源，改善基层社区老年教育机构设施设备，建设一批在本区域发挥示范作用的乡镇（街道）社区老年人学习场所，建设好村（居委会）老年社区学习点。改善现有老年大学办学条件，提升其教学场所和设施的现代化、规范化水平，进一步增强其社会服务能力。到2020年，全国县级以上城市原则上至少应有一所老年大学，50%的乡镇（街道）建有老年学校，30%的行政村（居委会）建有老年学习点。探索"养、医、体、文"等场所与老年人学习场所的结合，推出一批创新老年教育办学模式的典型。各省（区、市）选取若干个养老服务机构，开展养教结合试点。

（三）学习资源建设整合计划。研究制定老年人学习发展指南，为不同年龄层次的老年人提供包括学习规划在内的咨询服务。探索建立老年教育通用课程教学大纲，促进资源建设规范化、多样化。遴选、开发一批通用型老年学习资源，整合一批优秀传统文化、非物质文化遗产、地方特色老年教育资源，推介一批科普知识和健康知识学习资源，引进一批国外优质学习资源，形成系列优质课程推荐目录。定期举办老年学习资源建设交流活动。到 2020 年，各省（区、市）都应初步建立起支撑区域内老年教育发展的老年学习资源库。

（四）远程老年教育推进计划。探索以开放大学和广播电视大学为主体建设老年开放大学，开发整合远程老年教育多媒体课程资源。支持国家开放大学率先建设在全国发挥示范作用的老年健康艺术教育体验基地。推动有条件的省（区、市）老年大学、开放大学和广播电视大学建设具有地方特色的示范性老年教育体验基地。到 2020 年，力争全国 50% 的县（市、区）可通过远程教育开展老年教育工作。

（五）老有所为行动计划。组织引导离退休老干部、老同志讲好中国故事、弘扬中国精神、传播中国好声音。积极搭建服务平台，建立由离退休干部、专业技术人员及其他有所专长的老同志组成的老年教育兼职教师队伍。推动各类老年社会团体与大中小学校合作，发挥老年人在教育引导青少年继承优良传统、培育科学精神等方面的积极作用。广泛开展老年志愿服务活动，到 2020 年，力争每个老年大学培育 1—2 支老年志愿者队伍，老年学校普遍建有志愿者服务组织。

五、保障措施

（一）加强组织实施。建立健全党委领导、政府统筹，教育、组织、民政、文化、老龄部门密切配合，其他相关部门共同参与的老年教育管理体制。各相关部门要按照职责分工，加强沟通协调，通过规划编制、政策制定、指导监督，共同研究解决老年教育发展中的重大问题。老年教育工作要纳入对各级政府相关部门绩效考评内容。各省（区、市）要把老年教育纳入本地区经济社会发展规划和教育事业发展规划，结合实际，提出落实本规划、加快发展老年教育的具体实施方案和举措，分阶段、分步骤组织实施。对各地区在实施本规划中好的做法和经验，要及时总结推广。

（二）推动法规制度建设。研究完善涉及老年教育的相关制度。支持鼓励有条件的地区通过制定相关地方法规促进老年教育事业规范健康发展。在老龄事业相关政策措施中重视支持发展老年教育。探索开展老年教育发展情况调查统计工作，支持社会组织等第三方开展老年教育发展状况评估和研究。

（三）加强队伍建设。鼓励普通高校、职业院校相关专业毕业生及相关行业优秀人才到老年教育机构工作。各级各类学校要鼓励教师参与老年教育相关工作，并纳入本校工作考核，支持教师到校外老年教育机构兼职任教或从事志愿服务。建立老年教育教师岗位培训制度，支持老年教育机构教师、技术和管理人员的专业发展。专职人员在薪酬福利、业务进修、职务（职称）评聘、绩效考核等方面享有同类学校工作人员的同等权利和待遇。鼓励专业社工等参与从事老年教育工作。建立老年教育师资库。加快培养一支结构合理、数量充足、素质优良，以专职人员为骨干、与兼职人员和志愿者相结合的教学和管理队伍。

（四）完善经费投入机制。各地区要采取多种方式努力增加对老年教育的投入，切实拓宽老年教育经费投入渠道，形成政府、市场、社会组织和学习者等多主体分担和筹措老年教育经费的机制。老年教育经费应主要用于老年教育公共服务。鼓励和支持行业企业、社会组织和个人设立老年教育发展基金，企业和个人对老年教育的公益性捐赠支出按照税收法律法规规定享受所得税税前扣除政策。

（五）营造良好氛围。各地区各部门要广泛宣传党和国家关于发展老年教育的方针政策，广泛宣传老年教育发展中的典型经验、案例、做法和成效，努力使全社会关心、支持和参与老年教育的氛围更加浓厚。要充分调动老年人参与学习的积极性和主动性，积极培育老年学习文化，使学习风尚融入老年人生活，使老年教育成为增进老年人福祉的重要内容。

国务院办公厅关于加快中西部
教育发展的指导意见

国办发〔2016〕37 号

各省、自治区、直辖市人民政府，国务院各部委、各直属机构：

党中央、国务院历来高度重视中西部地区教育发展。进入新世纪以来，国家通过实施西部地区"两基"攻坚计划、深化农村义务教育经费保障机制改革、营养改善计划、校舍安全工程、农村薄弱学校基本办学条件改善计划、农村教师特岗计划、对口支援、定向招生等重大举措，推动中西部教育迈上了新台阶。但由于自然、历史、社会等多方面原因，中西部经济社会发展相对滞后，教育基础差，保障能力弱，特别是农村、边远、贫困、民族地区优秀教师少、优质资源少，教育质量总体不高，难以满足中西部地区人民群众接受良好教育的需求，难以适应经济社会发展对各类人才的需要。根据国家"十三五"规划纲要，为更好地统筹现有政策、措施和项目，深入实施西部大开发、中部崛起战略，积极服务"一带一路"建设，全面提升中西部教育发展水平，经国务院同意，现提出如下意见。

一、总体要求

（一）指导思想。全面贯彻党的十八大和十八届三中、四中、五中全会精神，深入落实党中央、国务院决策部署，按照"四个全面"战略布局，牢固树立创新、协调、绿色、开放、共享的发展理念，贯彻脱贫攻坚部署，坚持问题导向，把加强最薄弱环节作为优先任务，把调整资源配置作为根本措施，把创新体制机制作为重要保障，以提高教育质量为核心，优化顶层设计，整合工程项目，集中力量攻坚克难，全面提升中西部教育发展水平，培养更多栋梁之材，为促进中西部地区经济社会发展、缩小中西部地区与东部地区差距提供人才支撑。

（二）基本原则。

加强统筹。将中西部教育置于全国教育总体格局中谋划设计，统筹中西部教育与经济社会协调发展，系统谋划加快中西部发展的政策措施，确保各项政策相互配套、相互支撑，形成合力。发挥市场、企业、社会组织作用，吸引更多社会力量参与中西部教育发展。

兜住底线。坚持教育的公益性和普惠性，着力从中西部最困难的地方和最薄弱的环节做起，把提升最贫困地区教育供给能力、提高最困难人群受教育水平作为优先任务，促进基本公共服务均等化，保障每个孩子受教育的权利。

改革创新。以改革促发展，重在盘活存量、用好增量，优化结构、提高效益，建立标准、完善机制，着力简政放权、营造良好办学环境，培养学生社会责任感、创新精神和实践能力，为中西部教育长远发展奠定坚实基础。

（三）总体目标。到 2020 年，中西部地区各级各类学校办学条件显著改善，教育普及程度明显提高，教育结构趋于合理，教育质量不断提升，教育保障水平进一步提高，人民群众接受良好教育的机会显著增加，支撑中西部经济社会发展的能力切实增强，中西部地区教育水平与东部发达地区差距进一步缩小，教育现代化取得重要进展。

二、重点任务

（一）实现县域内义务教育均衡发展。建立义务教育学校动态调整机制，优化学校布局，推进学校标准化建设，提升农村教师队伍总体水平，扩大优质教育资源覆盖面，缩小城乡差距、校际差距。国家继续实施全面改善贫困地区薄弱学校基本办学条件、农村教师特岗计划、营养改善计划等重大工程和项目，完善城乡义务教育经费保障机制，推动基本公共教育服务均等化。防止教学内容超前，注重培养学生的创造能力和动手能力。到 2018 年，中西部地区 75% 的县实现义务教育均衡发展；到 2020 年，中西部地区 95% 的县实现义务教育均衡发展。

保障教学点基本办学需求。巩固规范农村义务教育学校布局调整成果，办好必要的教学点，方便乡村学生就学。各地（未特别注明的，指中西部地区，下同）要制定教学点办学条件、教师配备等基本标准，明确教学点基本要求。按标准配置教学点教室、课桌椅、教学仪器设备、图书资料、运动场地和音体美器材，满足教学基本需求。配备安全饮水设施、伙房设备，配置卫生厕所。实现教学点数字教育资源全覆盖，有条件的地方接入宽带网络。通过走教、支教等多种途径，使教学点拥有必要的专业教师，开齐开足国家规定课程。强化中心校对教学点教师配备、课程安排、业务指导等统筹管理作用。经费投入向教学点倾斜，不足 100 人的教学点按 100 人拨付公用经费。

标准化建设寄宿制学校。加快改扩建新建学生宿舍、食堂，实现"一人一床位"，消除"大通铺"现象，满足室内就餐需求。改善寒冷地区学校冬季取暖条件，保证取暖经费。改善如厕环境，旱厕按学校专用无害化卫生厕所设置，有条件的地方设置水冲式厕所。改善浴室条件，除特别干旱地区外，寄宿制学校应设置淋浴设施。结合实际改善体育和艺术教育场地，配备音体美器材，建好图书馆（室）、广播站、活动室，满足教学和文化生活需要。配备必要的教职员工，有效开展生活指导、心理健康、卫生保健、后勤服务和安全保卫等工作。关爱乡村留守儿童，优先保障留守儿童寄宿需求。探索建立寄宿制学校生均公用经费补助机制，提高寄宿制学校运转保障能力。

基本消除大班额现象。适应城镇化发展趋势，在新增人口较多的地区优先建设学校。采取集团化办学、学校联盟、教育信息化等措施，扩大优质资源覆盖面，避免学生向少数学校过度集中。采取学区化管理、扩大九年一贯制对口招生等措施，有序分流学生。扩大优质高中招生计划分配到区域内初中的比例，引导学生合理选择学校。各地要制定消除大班额专项规划，到 2018 年基本消除县城和乡（镇）学校超大班额现象，2020 年基本消除大班额现象。

全面加强乡村教师队伍建设。扩大农村教师特岗计划中乡村学校特设岗位数量，增加优秀大学毕业生到乡村学校任教比例。以地方师范院校为基地，采取免费教育、学费补偿、贷款代偿等多种方式，为乡村学校定向培养更多的合格、优秀教师。鼓励研究生支教团、优秀退休教师到乡村学校支教。全面推进义务教育教师队伍"县管校聘"管理体制改革，加大教师交流力度，优先保障村小学和教学点需求，确保一定比例的骨干教师到村小学和教学点任教。补充音体美等紧缺学科教师，创新教学、管理方式，确保合格教师授课。加大乡村教师培训力度，"国培计划"集中支持乡村教师培训。扩大农村学校教育硕士师资培养计划规模。推行校长职级制，选好配强乡村学校校长。落实好集中连片特殊困难地区乡村教师生活补助政策。对在乡村学校任教 3 年以上、表现优秀并符合条件的教师，职称评定时同等条件下优先。各地对在村小学和教学点工作满 10 年、继续在村小学和教学点工作的优秀教师给予奖励。国家对在村小学和教学点工作满 30 年并作出突出贡献的优秀教师给予表彰奖励。

继续实施营养改善计划。各地要采取措施逐步扩大营养改善计划实施范围，依据地区经济水平、物价变动等因素，建立补助标准动态调整机制。改善学校食堂条件，保障食堂正常运转，扩大食堂供餐比例。规范食品采购、贮存、加工、留样、配送等流程，确保卫生安全。结合当地物产种类，适应当地饮食习惯，科学改善膳食结构，建立监测评估制度，不断提高营养改善计划实施效果。

（二）大力发展职业教育。立足中西部经济社会发展实际，助推经济转型和产业升级，鼓励社会力量参与职业教育发展，改善职业学校办学条件。促进职业教育和普通教育双轨推动、双向推动，合理引导学生进入职业教育。改革人才培养模式，提高学生技术技能水平和就业创业能力，为培养大工匠打下扎实基础，为个人发展、家庭脱贫提供支撑，为承接东部地区产业转移创造条件。

改善中等职业学校办学条件。各地要根据地区产业发展和人才需求，引导优质学校通过兼并、委托管理、合作办学等形式，整合资源，优化中职学校布局。要建立健全分类分专业的中职学校生均经费标准，建立稳定投入机制。完善中职学校办学标准，全面加强中职学校基础能力建设。到 2020 年，中西部地区所有中职学校办学条件基本达标。

提升高等职业院校基础能力。各地要围绕现代农业、装备制造业、现代服务业、战略性新兴产业、民族传统工艺等领域，遴选具有相对优势的高职院校，支持其提升基础办学条件，扩大优质高职教育资源。加强实训基地建设，改善实训装备水平。

改革人才培养模式。创新机制，拓宽渠道，扩大"双师型"教师规模，提高实践教学水平和技术服务能力。强化实习实训环节，改善实习实训条件，推广现代学徒制和企业新型学徒制，完善学生实习制度，加强职业能力和岗位适应训练，提高学生实践操作能力。深化校企合作、校地合作，积极推行校企联合招生、联合培养，探索集团化办学模式，进一步促进产教融合。贴近地方经济特点和产业需求，立足学校办学基础，加强特色专业建设。全面开展中职学校监测评价，实行人才培养质量年度报告制度。广泛开展技术推广、扶贫开发、新型职业农民培训、劳动力转移培训和社会生活教育等。

（三）加快普及高中阶段教育。统筹普通高中和中职教育协调发展，优化学校布局，改善办学条件，提高办学质量，完善经费投入机制，加大学生资助力度，不断提高高中阶段教育普及水平。国家继续实施普通高中改造计划、现代职业教育质量提升计划等项目，着力改善高中阶段学校办学条件。到2020年，集中连片特困地区高中阶段教育毛入学率超过85%，中西部地区达到90%。

新建、改扩建普通高中。在没有普通高中的县，根据人口变动趋势和实际情况，因地制宜新建、改扩建一批普通高中，方便学生在当地入学。人口5万人以上或初中在校生2000人以上的县，应建设一所高中。人口少于5万人且初中在校生较少的县，可将基础较好的初中学校改扩建为完全中学，或与其他县联办、合办普通高中。

办好乡村高中。各地要根据人口变化趋势和城镇化建设规划，合理布局普通高中，优先保障乡村高中，严禁建设超标准豪华学校。加快改善乡村高中办学条件，到2020年，乡村高中全部达到基本办学标准。健全以财政投入为主、其他渠道筹措经费为辅的普通高中经费投入机制，向乡村高中倾斜，保证乡村高中正常运转。推动校长、教师交流制度化，选派优秀校长、教师优先到乡村高中任职任教。鼓励优质高中与乡村高中通过建立联盟、集团化办学、委托管理等方式，在课程建设、教学资源、教师培训、管理方式等方面实现共享，整体提升乡村高中办学水平。鼓励有条件的乡村高中实现宽带接入，配置多媒体教学设备和计算机网络设备。

加大学生资助力度。继续实施普通高中和中职学校学生国家资助政策。按照精准资助、动态管理原则，逐步分类推进中等职业教育免除学杂费，率先从建档立卡的家庭经济困难学生实施普通高中免除学杂费，对家庭经济困难学生继续给予助学金补助。推广"9+3"免费教育模式，重点支持集中连片特困地区建档立卡的家庭经济困难初中毕业生，到省内经济发达地区和东西协作对口帮扶省份接受中职教育。

（四）提升中西部高等教育发展水平。统筹谋划、分类指导，改革管理方式，加快简政放权、放管结合、优化服务改革，整合工程项目，推动中西部高校合理定位、突出特色，提升办学能力和办学水平，更好地服务中西部经济社会发展。国家继续实施中西部高等教育振兴计划、面向贫困地区定向招生专项计划和支援中西部地区招生协作计划，扩大中西部学生公平接受优质高等教育的机会。

建设一批高水平大学和学科。在资源配置、高水平人才引进等方面加大倾斜力度，支持中西部高校建设一流大学和一流学科。合理确定中央部门所属高校属地招生比例。在没有教育部直属高校的省份，按"一省一校"原则，重点建设14所高校，推动管理体制、办学体制、人才培养模式和保障机制改革。鼓励各地从实际出发，支持有基础、有特色、有优势的学校，合理定位、创新发展，建设高水平大学。发挥中西部地缘优势，为"一带一路"建设培养高级工程技术人才和管理人才。

继续实施中西部高校基础能力建设工程。重点支持学科专业与区域发展需求、地方产业结构高度契合，对地方经济社会发展具有重要支撑作用的综合性大学，以及学科优势特色突出，在专业领域具有较大影响的其他类型本科高校。以"填平补齐"为原则，加强基础教学实验室、专业教学实验室、综合实验训练中心、图书馆等基础办学设施和信息化建设，建设教学实验用房和配置必要设备，提高学校本科教学的实验基础能力。强化实践教学环节，配齐配强实验室人员，加强实验教学团队建设，强化教师和实验室人员培训，大力提高教师教学水平。

多方共建行业特色高校。支持部门、行业协会以合作共建的方式，参与建设一批具有行业特色的中西部高校。丰富共建形式，完善部省、部部（委）、部市等共建模式，深化国有大中型企业、行业协会与地方共建，探索部门、行业、企业、协会与高校共建学科、学院和研发中心。结合行业需求和学校办学特色确定共建项目，重点在学科建设、人才培养、协同创新、研发基地、成果转化、干部交流等方面开展合作。完善共建机制，有关部门、行业、企业、协会在产业信息、科研、实训条件、学生就业等方面加大支持力度，地方政府落实管理主体职责，在学校建设规划、经费投入、人才引进等方面给予大力支持。扩大共建数量，优先在国防、农业、能源、矿产、交通、海洋、环保、医药、通信、建筑、金融、信息服务等领域开展共建，2020 年将共建学校数量扩大至 100 所。

多种形式开展高校对口支援。鼓励高水平大学尤其是东部高校扩大对口支援范围，提高中部省属高校受援比例。深化团队式支援，鼓励多所高校联合支援一所或几所中西部高校。支援高校要制订相应计划，通过多种方式帮助受援高校培养、培训在职教师，着力提升受援高校教师的教学科研水平。支援高校可向相关部门申请定向培养博士、硕士研究生单列招生指标，用于受援高校现有师资队伍的培养。国家公派出国留学继续采取倾斜政策，使中西部高校教师有更多的出国进修学习培训机会。鼓励支援高校与受援高校有计划、有重点地开展联合培养研究生和本科生工作，建设相应学科专业学位点科研基地。支援高校积极参与受援高校的科研合作，努力提供人力、物力和技术支持，不断提升受援高校服务经济社会发展的能力和水平。积极鼓励支援高校与受援高校联合申报各层次科研项目，合作开展研究。形成阶梯式支援格局，第一阶梯由 100 所左右高水平大学支援中西部 75 所地方高校，第二阶梯由 75 所受援高校和部省共建高校支援中西部 100 所左右地方本科高校。

提升新建本科院校办学水平。加快 2000 年以来中西部新建本科院校建设，引导一批新建本科院校转型发展，突出"地方性、应用型"，培养大批当地适用人才。优化专业结构，减少社会需求少、就业状况差的专业，增加行业、产业、企业急需的紧缺专业。深化教学改革，优化课程设置，强化实践教学环节。逐步提高生均财政拨款标准，提高运行保障能力。落实基本建设规划，生均教学行政用房、生均教学仪器设备、生均图书等应符合规定标准。落实生师比、高学历教师占比要求，提升教师队伍整体水平。全面开展新建本科院校评估，对办学特色鲜明、紧贴地方需要的，在招生计划、专业设置等方面给予倾斜，对评估整改不达标的，减少招生规模、严控新设专业。到2020年，中西部所有新建本科院校达到基本办学标准，管理更加规范，质量普遍提升。

（五）积极发展农村学前教育。以扩充资源为核心、加强师资为重点、健全管理为支撑，通过举办托儿所、幼儿园等，构建农村学前教育体系，逐步提高农村入园率，基本普及学前教育。国家继续支持学前教育发展，重点向中西部革命老区、民族地区、边疆地区、贫困地区农村倾斜，因地制宜加强园舍建设、师资培训和玩教具配备，加快推进农村学前教育发展。到2020年，中西部地区农村学前三年毛入园率达到70%。

扩充公办幼儿园资源。各地要根据人口规模及分布情况，完善县、乡、村三级学前教育网络，合理规划农村公办幼儿园布局。推进乡镇中心园建设，实现每个乡镇至少有一所公办中心幼儿园。合理利用村小学校舍资源，发展村小学附设幼儿园。根据实际需求改善教学点校舍条件，举办附设幼儿班。支持村集体利用公共资源建设幼儿园，人口集中的大村独立建园，小村设分园或联合办园。按标准配备玩教具，提供基本保教条件。制定和落实公办园生均公用经费标准，保障公办园正常运转。支持企事业单位所办幼儿园面向社会招生，提供普惠性服务。

支持普惠性民办幼儿园发展。各地要制定普惠性民办园认定管理办法，出台普惠性民办园扶持措施，鼓励社会力量办园，增加农村普惠性民办园数量。通过提供合理用地、减免租金等方式，支持农村普惠性民办园建设。通过派驻公办教师、纳入巡回支教范围、支持教师培训、开展教研指导等方式，提升办园水平和保教质量。采取政府购买服务等措施，对收费合理、管理规范的普惠性民办园进行扶持，提高普惠性民办园保障能力。

补充学前教育师资队伍。各地要按照幼儿园教职工配备标准，在地方事业单位编制总量内，合理调配，配齐农村公办幼儿园教职工，落实每班"两教一保"要求。鼓励各地因地制宜实施地方特岗计划，引进优秀毕业生到农村幼儿园任教。鼓励地方高校扩大免费师范生招生规模，办好中等幼儿师范学校和高等师范专科学校学前教育专业，为农村学前教育培养更多的合格教师。开展对农村幼儿园教师的全员培训，提高教师专业水平。通过生均财政拨款、专项补助等方式，支持解决好公办园非在编教师、集体办幼儿园教师工资待遇问题，逐步实现同工同酬。对长期在农村幼儿园工作的教师，在职务（职称）评聘等方面给予倾斜。采取"政府组织、中心园实施、志愿服务"模式，开展教师巡回支教，缓解当前师资紧缺状况。

改革学前教育管理体制。积极探索以县为主的管理体制，县级人民政府负责统筹辖区内园所布局、师资建设、经费投入、质量保障、规范管理等。探索以中心园为依托的业务管理模式，在保育教育、玩教具配备、师资培训、资源共享、巡回支教人员安排等方面提供具体指导。鼓励有条件的地方将机关企事业单位举办的幼儿园归口到教育行政部门管理。制定农村学前教育办园（班）基本标准，严格执行登记注册制度。加强安全管理，完善安全措施，确保幼儿安全。健全关爱体系，着力保证农村留守儿童入园。坚持科学保教，全面贯彻落实《3-6岁儿童学习与发展指南》，构建幼儿园保教质量评估体系，防止"小学化"倾向。在国家通用语言文字教育基础薄弱地区举办的幼儿园，科学稳妥推行双语教育，培养幼儿从小养成使用国家通用语言的习惯。

（六）推动民族教育加快发展。国家在区域发展总体战略中，把民族教育摆在更加重要的位置。采取特殊支持措施，加大各项政策对少数民族和民族地区的倾斜力度，快速提升各级各类教育普及水平和办学质量，实现民族地区教育跨越发展。

办好内地西藏班、新疆班。编制好内地民族班长远发展规划。继续选拔西藏、新疆优秀初中毕业生到内地接受高中阶段优质教育，合理确定培养规模，坚持招生计划向少数民族农牧民子女倾斜。加强内地西藏班、新疆班管理，不断提高合校混班教学比例，引导学生融入学校、融入集体。提高内地西藏班、新疆班教学水平，合理安排课程和教学计划，配强学科指导教师，加强民族团结教育。完善内地西藏班、新疆班单独招生政策。改进内地西藏、新疆中职班培养模式，帮助毕业生掌握一技之长，具备就业创业能力。健全内地西藏班、新疆班经费投入机制，促进内地民族班持续稳定发展。适当扩大内地西藏、新疆中职班规模。

实施万名教师支教计划。组织内地优秀教师到西藏、新疆支教，在每所中学形成稳定的理科教学团队。在对口支援机制下，每期选派1万名内地教师赴西藏、新疆任教。支教教师发挥骨干示范作用，主要承担一线教学任务，组织教研活动，开展业务培训和教学指导，与当地教师组成教学团队，整体提升学校理科教学水平。每年置换出 1 万名当地理科教师，通过集中培训、专题研修、跟岗学习等方式，提高学科教学能力。到 2020年，共组织内地 3 万名教师赴西藏、新疆支教，置换出当地90%以上理科教师脱产培训。

增加民族地区学生上大学机会。继续实施高等学校招生向民族地区倾斜的有关政策。民族地区高等院校要紧贴民族地区需求，动态调整专业设置，通过委托培养、定向培养、订单式培养等形式，为民族地区培养急需人才。鼓励民族地区高等院校开展高层次岗位培训和继续教育。适度增加高等院校少数民族预科班、民族班招生规模，让更多的少数民族学生有机会到不同类型的高校接受高等教育。鼓励高水平大学统筹安排民族地区生源计划，确保农牧区学生占一定比例，确保人口较少民族学生有更多机会进入高水平大学学习。

实施高层次双千人计划。实施公共管理人才培养计划，由内地高校牵头组织教学，联合当地大专院校，开设公共管理硕士项目，遴选一批当地优秀年轻干部，重点学习法律、经济、科技、行政管理等课程，提升综合素质。从 2016 年起，用 5 年时间为西藏、新疆培养 1000 名左右干部。实施少数民族高端人才培养计划，在民族、宗教、历史、地理、文化等领域，选拔1000 名有潜力的优秀中青年学者，通过攻读博士学位、进入博士后流动站、公派出国进修、到国际组织任职等形式，培养一批有学术造诣、有国际视野、有社会影响的少数民族高级专门人才。

（七）保障残疾人受教育权利。以普及残疾儿童少年义务教育为重点，扩大特殊教育资源总量，提高残疾人接受教育的比例，提高特教教师职业吸引力，推进全纳教育。国家实施特殊教育提升计划，重点支持中西部各省（区、市）建设特教学校和特教资源中心，改善特教学校办学条件，提高质量和水平。到 2020 年，形成较为完善的特殊教育体系，为每一位残疾儿童少年提供更加适合的教育。

扩充特教资源总量。30 万人口以上的县，应建好一所特教学校；尚未建立特教学校的县，要以多种形式开发特教资源，为残疾儿童少年提供教育服务。鼓励有条件的康复机构、儿童福利机构增设学前教育、义务教育特教班。扩大普通学校随班就读规模，在残疾学生较多的普通中小学和中等职业学校设立特教资源教室，对残疾学生实施特殊教育和康复训练。中西部各省（区、市）应办好一所残疾人中等职业教育学校（部）。支持中等职业学校积极招收残疾学生，帮助学生掌握一技之长，提高就业能力。鼓励普通高校招收残疾学生，支持普通高校设置特教学院，扩大残疾学生接受高等教育机会。

加强特教教师队伍建设。针对不同的残疾类别，制定特教教师专业标准。扩大高等院校特教专业培养规模，鼓励高校师范类专业开设特教课程。加强特教教师定向培养。普通教师转岗担任特教教师，应经过特教专业培训，掌握相关知识和技能。在特教岗位工作满 10 年的教师，继续从事特教工作的，按照国家有关规定给予表彰。对普通中小学承担特教任务的教师，在绩效工资分配上给予倾斜。教师职务（职称）评聘向特教教师倾斜。

拓展特教服务模式。各地要对义务教育阶段确实不能到校就读的重度残疾儿童少年，提供送教上门服务。开展医教结合区域试验，支持特教学校与当地医疗、康复中心及社区其他服务机构合作，为残疾学生提供康复服务。探索孤独症儿童教育模式，优先考虑就近入学、随班就读，鼓励特教学校及有条件的普通学校开办孤独症特教班，支持民办机构、福利院及其他康复机构为孤独症儿童提供教育和康复服务。逐步提高特教信息化水平。

提高特教经费保障水平。到2016年底，义务教育阶段特教学校生均公用经费基准定额达到6000元。对承担随班就读、特教班和送教上门任务的义务教育阶段学校，残疾学生生均公用经费参照上述标准执行。完善资助体系，积极推进高中阶段残疾学生免费教育。加大对学前、高等教育阶段残疾学生的资助力度。

三、组织实施

（一）加强组织领导。各地、各有关部门及承担对口支援任务的地区和单位，要分别将落实本指导意见列入本地区经济社会发展规划和本部门（单位）工作计划，制定配套政策、措施和实施方案，做好与国家"十三五"规划的衔接，做好与教育改革发展其他工作的衔接，确保政策连续性，把各项任务落到实处。

（二）抓好统筹协调。各地要整合相关政策措施，优化资源配置，对目标接近、资金投入方向类同、资金管理方式相近的项目予以整合，控制同一领域的专项数量。根据不同阶段教育属性及经费投入机制，通过发展民办教育、社会捐资助学、政府和社会资本合作等多种方式筹措教育经费。

（三）开展督导监测。要密切跟踪工作进展，督促各项措施落地见效。要按照政策要求、实施范围、资金使用、时间节点、阶段目标等要素，研究建立评价指标体系，依法开展专项督导，公开督导报告。

（四）营造良好氛围。要广泛宣传党中央、国务院关于中西部教育发展的各项政策措施，大力宣传中西部教育发展取得的重大成就，及时宣传实施本指导意见的好做法好经验，让人民群众见到实效，形成合理预期，凝聚社会共识，营造加快中西部教育发展的良好环境。

国务院办公厅

2016 年 5 月 11 日

教育部等九部门关于进一步推进
社区教育发展的意见

教职成〔2016〕4号

各省、自治区、直辖市教育厅（教委）、民政厅（局）、科技厅（局）、财政厅（局）、人力资源社会保障厅（局）、文化厅（局）、体育局、团委、科技协会，新疆生产建设兵团教育局（体育局）、民政局、科技局、财务局、人力资源社会保障局、文化局、团委、科技协会：

社区教育是我国教育事业的重要组成部分，是社区建设的重要内容。近年来，我国社区教育蓬勃发展，探索了具有中国特色的社区教育发展方式和路径，形成了东部沿海发达地区广泛开展、中西部地区逐步推进的发展格局，建设了一大批全国和省级社区教育实验区、示范区，社区教育参与率和满意度逐步提高。为加快实现教育规划纲要关于基本形成学习型社会的目标，服务全面建成小康社会的战略要求，现就进一步推进社区教育发展提出如下意见。

一、总体要求

（一）指导思想

全面贯彻落实党的十八大和十八届三中、四中、五中全会精神，深入学习贯彻习近平总书记系列重要讲话精神，牢固树立创新、协调、绿色、开放、共享的发展理念，按照协调推进"四个全面"战略布局的要求，以促进全民终身学习、形成学习型社会为目标，以提高国民思想道德素质、科学文化素质、健康素质和职业技能为宗旨，以建立健全社区教育制度为着力点，统筹发展城乡社区教育，加强基础能力建设，整合各类教育资源。充分发挥社区教育在弘扬社会主义核心价值观、推动社会治理体系建设、传承中华优秀传统文化、形成科学文明生活消费方式、服务人的全面发展等方面的作用。

（二）基本原则

坚持以人为本，需求导向。以学习者为中心，以学习需求为导向，为社区内不同年龄层次、不同文化程度、不同收入水平的居民提供多样化教育服务。体现社区教育的普惠性，促进社会公平。

坚持社区为根，特色发展。立足城乡社区，面向基层，办好居民家门口的社区教育。从东中西部区域发展的实际出发，推进社区教育特色发展。鼓励各地结合当地历史、人文资源和经济发展状况，因地制宜、因势利导开展社区教育活动。

坚持统筹协调，整合资源。发挥党委政府的推动引导作用，把社区教育切实纳入区域经济社会发展总体规划。以城带乡，统筹城乡社区教育协调发展，着力补足农村社区教育短板。整合学校教育资源和其他社会资源服务社区居民学习。

坚持改革引领，创新驱动。注重顶层设计与基层创新良性互动、有机结合。培育多元主体，引导各级各类学校和社会力量积极参与社区教育。充分运用现代信息技术手段，创新服务模式。推动社区教育融入社区治理，不断丰富社区建设的内容。

（三）总体目标

到 2020 年，社区教育治理体系初步形成，内容形式更加丰富，教育资源融通共享，服务能力显著提高，发展环境更加优化，居民参与率和满意度显著提高，基本形成具有中国特色的社区教育发展模式。建设全国社区教育实验区 600 个，建成全国社区教育示范区 200 个，全国开展社区教育的县（市、区）实现全覆盖。

二、主要任务

（一）加强基础能力建设

1. 建立健全社区教育网络。通过整合资源，建立健全城乡一体的社区教育县（市、区）、乡镇（街道）、村（社区）三级办学网络。各省、市（地）可依托开放大学、广播电视大学、农业广播电视学校、职业院校以及社区科普学校等设立社区教育指导机构，统筹指导本区域社区教育工作的开展。研究制定社区教育办学机构指导性要求。

2. 明确社区教育机构职责定位。县（市、区）社区教育学院（中心）负责课程开发、教育示范、业务指导、理论研究等。乡镇（街道）社区学校负责组织实施社区教育活动，指导村（社区）教学站（点）的工作。村（社区）教学站（点）为居民提供灵活便捷的教育服务。

3. 推动各类学习型组织与学习共同体建设。广泛开展学习型乡镇（街道）、学习型社区、学习型家庭等各类学习型组织创建活动，推动学习型城市建设。鼓励和引导社区居民自发组建形式多样的学习团队、活动小组等学习共同体，实现自我组织、自我教育、自我管理、自我服务，不断增强各类组织的凝聚力和创新力。

4. 加强社区教育实验区和示范区建设。继续推动社区教育实验区、示范区建设，充分发挥社区教育示范区在体系构建、资源共享、投入机制、队伍建设、信息化应用、市民学分银行建设等方面的示范引领作用，进一步提升社区教育服务能力和水平。各地要建立和完善相应工作机制，提出建设目标。

（二）整合社区教育资源

5. 开放共享学校资源。鼓励各级各类学校充分利用场地设施、课程资源、师资、教学实训设备等积极筹办和参与社区教育。充分发挥县级职业教育中心、开放大学、广播电视学校、科普学校在农村社区教育中的骨干和引领作用。加快乡镇成人文化技术学校的转型发展，鼓励其成为农村社区教育的重要载体。推动普通中小学有序向社区居民提供适宜的教育服务。

6. 统筹共享社区资源。注重社区教育机构与城乡社区综合服务中心（站）、社区文化中心等机构的资源共享，拓展社区综合服务中心（站）的社区教育功能，推动社区教育机构与社区综合服务中心（站）设施统筹、信息共享、服务联动。充分利用社区文化、科学普及、体育健身等各类资源，发掘教育内涵，组织开展社区教育活动，实现一个场所、多种功能，促进基层公共服务资源效益最大化。

7. 充分利用社会资源。提高图书馆、科技馆、文化馆、博物馆和体育场馆等各类公共设施面向社区居民的开放水平。鼓励相关行业企业参与社区教育。引导一批培训质量高、社会效益好的社会培训机构参与社区教育。探索开放、可持续发展的资源共享模式，不断扩大社区学习资源供给。

（三）丰富内容和形式

8. 丰富社区教育内容。广泛开展公民素养、诚信教育、人文艺术、科学技术、职业技能、早期教育、运动健身、养生保健、生活休闲等教育活动，提升居民生活品质，推动生活方式向发展型、现代型、服务型转变。积极开展面向社区服务人员、社区志愿者、社区社会组织成员的教育培训，增强其组织和服务居民的能力。

9. 创新社区教育形式。创新教育载体和学习形式，培育一批优质学习项目品牌。在组织课堂学习的基础上，积极开展才艺展示、参观游学、读书沙龙等多种形式的社区教育活动，探索团队学习、体验学习、远程学习等模式。通过开设学习超市、提供学习地图等形式方便社区居民灵活自主学习。推动各地建设方便快捷的居民学习服务圈。

10. 推进社区教育信息化。结合实施"宽带中国"战略和"互联网+城市""互联网+科普"计划，充分利用现代远程教育体系，结合或依托社区公共服务综合信息平台建设，建立覆盖城乡、开放便捷的社区数字化学习公共服务平台及体系。有条件的地方，鼓励形成网上学习圈。鼓励各级各类学校和社会教育培训机构向社区开放数字化学习资源及服务，推进各地网上学习平台互联互通和社区教育数字化学习资源的建设与共享，为居民提供线上线下多种形式的学习支持服务。

（四）提高服务重点人群的能力

11. 大力发展老年教育。将老年教育作为社区教育的重点任务，结合多层次养老服务体系建设，改善基层社区老年人的学习环境，完善老年人社区学习网络。建设一批在本区域发挥示范作用的乡镇（街道）老年人学习场所和老年大学。努力提高老年教育的参与率和满意度。

12. 积极开展青少年校外教育。推动实现社区教育与学校教育有效衔接和良性互动。社区教育机构要紧密联系普通中小学、青少年校外活动场所、社会组织等，充分利用社区内的各类教育、科普资源，开展校外教育及社会实践活动，为青少年健康成长提供良好的社区教育环境。开展形式多样的早期教育活动，有条件的中小学、幼儿园可派教师到社区教育机构提供志愿服务。充分发挥共青团、少先队组织在青少年校外和社区教育中的作用。

13. 广泛开展各类教育培训。主动适应居民实际需求，有针对性地开展法治社会、科学生活、安全健康、就业再就业、创新创业、职业技能提升等教育培训活动。积极面向学生家长开展教育理念、教育方法等方面的家庭教育指导。重点面向城镇化进程中的失地农民和农民工，积极开展职业技能、思想道德、民主法治、文明礼仪、生活方式等方面的教育培训，通过社区学习与交流活动，增强社区归属感和认同感，加快其融入城镇社区生活的进程。重视弱势人群提高生存技能的培训，积极为社区各类残疾人提供学习服务。

14. 重视农村居民的教育培训。各级各类学校教育资源要向周边农村居民开放，用好县级职教中心、乡（镇）成人文化技术学校、开放大学、广播电视学校、农村致富技术函授大学和农村社区教育教学点。结合新农村和农村社区建设，有效推进基层综合性文化服务中心、图书馆、文化馆、博物馆、农家书屋、农村中学科技馆等资源共享，提升农村社区教育服务供给水平。广泛开展农村实用技术培训和现代生活教育培训。大力开展新型职业农民培训。加强农村居民家庭教育指导，为农村留守妇女提供社会生活、权益保护、就业创业等方面的教育培训。重视开展农村留守儿童、老人和各类残疾人的培训服务。

（五）提升社区教育内涵

15. 加强课程资源建设。国家组织编写一批社区教育通用型课程大纲。鼓励各地开发、推荐、遴选、引进优质社区教育课程资源，推动课程建设规范化、特色化发展。鼓励引导社区组织、社区居民和社会各界共同参与课程开发，建设一批具有地域特色的本土化课程。课程设计应与居民需求、科学普及、文明素养、社区发展等紧密结合，促进课程设计与社区治理和服务实践有机融合。

16. 提高社区教育工作者队伍专业化水平。社区教育学院（中心）、社区学校应配备从事社区教育的专职管理人员与专兼职教师。省级教育行政部门应根据教育部《社区教育工作者岗位基本要求》制定实施细则，省级人社、教育行政部门共同制定社区教育专职教师职称（职务）评聘办法。加大社区教育工作者培训力度。发挥社会工作专业人才在社区教育中的作用，探索建立社区教育志愿服务制度。鼓励高等学校、职业学校开设社区教育相关专业，鼓励引导相关专业毕业生从事社区教育工作。

三、保障措施

（一）加强组织领导。推动形成党委领导、政府统筹、教育部门主管、相关部门配合、社会积极支持、社区自主活动、市场有效介入、群众广泛参与的社区教育协同治理的体制和运行机制。教育行政部门要把开展社区教育纳入教育发展整体规划，主动联系有关部门，牵头做好社区教育发展规划、相关政策的制定和完善工作，建立目标责任和考核机制，确保社区教育改革发展目标落实到位；民政部门要把社区教育作为街道管理创新、乡镇服务型政府建设和城乡社区建设的重要内容，纳入城乡社区服务体系建设规划；财政部门要结合实际，逐步加大对社区教育的支持力度；人社部门要加大对社区教育的支持力度，并结合工作实际，充分发挥社区教育在职业技能培训中的重要作用；文化部门要通过公共文化服务体系为社区教育提供必要支撑；科技部门要将《科普法》《全民科学素质行动计划纲要》的实施及国家科普能力建设与开展社区教育工作紧密结合起来；体育部门要将《全民健身计划纲要》的实施与开展社区教育工作紧密结合起来。鼓励建立社区教育联席会、理事会或社区教育协作会等制度。在村（社区）开展的社区教育活动应主动接受社区自治组织的指导。

（二）拓宽经费投入渠道。各地要建立健全政府投入、社会捐赠、学习者合理分担等多种渠道筹措经费的社区教育投入机制，加大对社区教育的支持力度，不断拓宽社区教育经费来源渠道。推动社区教育服务社会化，推进社区教育领域政府购买服务的试点工作，探索通过政府购买、项目外包、委托管理等形式，吸引行业性、专业性社会组织、社区社会组织和民办社会工作服务机构参与社区教育。鼓励社会资本通过兴办实体、资助项目、赞助活动、提供设施、设立社区教育基金等方式支持社区教育发展。鼓励自然人、法人或其他组织捐助社区教育或举办社区教育机构，并依法享受有关政策优惠。

（三）完善督查评价机制。各级教育督导部门要把开展社区教育督导作为推进教育现代化的重要内容。科学制订社区教育评价标准，建立和完善社区教育统计制度，加强对社区教育发展状况基本信息的收集和分析。逐步完善社区教育实验区、示范区进入和退出的动态管理机制。建立社会第三方对社区教育发展的评价与反馈机制，定期开展社区居民对社区教育满意度的测评。

（四）推进学习成果积累转换。鼓励有条件的省级和市（地）级教育行政部门先行先试，探索建立居民个人学习账号，开发、研制具有学时记载等功能的社区学习卡，记录学习者注册报名、培训考勤、线上线下学习学时等具体信息，形成居民终身学习电子档案，探索建设社区教育学分银行。积极探索建立和完善社区教育学习成果认证、积累和转换制度及激励机制。

（五）营造全民终身学习的社会氛围。充分利用报刊、广播、电视、网络等媒体，加大对社区教育重要意义和发展成绩的宣传，总结推广全国社区教育实验区、示范区以及各地的典型经验。重视社区教育理论研究和学科建设。坚持办好"全民终身学习活动周"，深入宣传全民学习、终身学习的理念，凝聚社会共识，形成发展合力。不断提高社区教育的认知度和参与度，提高社区居民的满意度和获得感。

教育部　民政部　科技部

财政部　人力资源社会保障部　文化部

体育总局　共青团中央 中国科学技术协会

2016 年 6 月 28 日

教育部 国家语委关于进一步加强学校语言文字工作的意见

教语用〔2017〕1号

各省、自治区、直辖市教育厅（教委）、语委，新疆生产建设兵团教育局、语委，部属各高等学校：

为深入贯彻党和国家的语言文字方针政策、法律法规，落实《国家中长期教育改革和发展规划纲要（2010—2020年）》《国家中长期语言文字事业改革和发展规划纲要（2012—2020年）》及《国家语言文字事业"十三五"发展规划》，切实发挥学校在语言文字工作中的基础作用，现就进一步加强学校语言文字工作提出如下意见：

一、进一步提高对加强学校语言文字工作的认识

（一）学校是语言文字工作的基础阵地。学校是推广和普及国家通用语言文字、培养国民语言文字规范意识、增强国民文化自信的重点领域，使用和推广国家通用语言文字是各级各类学校的法定义务，是学校依法办学的基本要求。学校教育教学是提高国民语言文字应用能力、提升人力资源素质的主要渠道。学校师生是传承弘扬中华优秀传统文化、革命文化和社会主义先进文化的重要力量。扎实做好学校语言文字工作，是切实发挥语言文字事业基础性、全局性作用的关键环节。

（二）学校语言文字工作是学校教育工作的重要组成部分。说好普通话、用好规范字、提高语言文字应用能力是学校培养

高素质人才的基本内容。语言文字应用能力的培养要从小抓起，良好的口语、书面语表达水平和语言综合运用能力，是国民综合素质的重要构成要素，在个人成长成才过程中具有不可替代的作用。提高学生的语言文字应用能力，是实施素质教育的必然要求，是强化学生能力培养的重要内容，是提高学生学习能力、实践能力、创新能力的坚实基础。学校做好语言文字工作，对学生掌握科学文化知识、全面提高综合素质、自觉践行社会主义核心价值观、增强文化自信具有重要意义。

（三）做好学校语言文字工作，是全面建成小康社会的必然要求。语言文字事业是文化软实力的重要组成部分，是国家综合实力的重要支撑力量，与社会同发展、与时代共进步，对全面建成小康社会具有重要的推动作用。做好学校语言文字工作，充分发挥学校的人才培养及社会辐射作用，将语言文字工作从校园向社会延伸，提高全民尤其是农村、边远贫困地区、民族地区学生和青壮年的语言文字应用能力，是实施科教兴国战略和人才强国战略的内在需求，是全面建成小康社会的必然要求，也是实现中华民族伟大复兴的重要环节。

二、学校语言文字工作的主要目标

（一）总体目标。学校语言文字工作的总体目标是打造全社会语言文字规范化建设的示范标杆，培养学生的"一种能力两种意识"。"一种能力"即语言文字应用能力；"两种意识"即自觉规范使用国家通用语言文字的意识和自觉传承弘扬中华优秀文化的意识。

（二）教师目标。熟悉党和国家语言文字方针政策及相关法律法规，普通话水平达标，汉字应用规范、书写优美，具有一定的朗诵水平和书法鉴赏能力，熟练掌握相关语言文字规范标准；具有高度的文化自觉和文化自信；普遍具有自觉推广国家通用语言文字与中华优秀文化的意识和自豪感。

（三）学生目标。普通话水平达标，口语表达清晰达意，交流顺畅；掌握相应学段应知应会的汉字和汉语拼音，具有与学段相适应的书面写作能力、朗读水平和书写能力，高校学生应具有一定的书法鉴赏能力；具有对中华优秀文化的认同感、自豪感和自信心。

三、工作措施和要求

（一）加强学校语言文字工作机制建设。各级各类学校要深入贯彻执行党和国家语言文字方针政策、法律法规，建立完善语言文字工作机制和管理制度，加强队伍建设，在学校内涵建设和育人目标中明确语言文字工作要求，定位准确，目标明晰，措施到位。建立切实可行的工作制度和评价体系，相关要求贯穿于学校常规工作和主要环节，常抓不懈，确保学校语言文字工作有序开展，取得实效。

（二）坚持学校语言文字工作与教育教学工作相互促进。各级各类学校要将语言文字工作纳入学校工作的日常管理，列入科研项目的总体计划，把提高学生语言文字应用能力列入培养目标的基本要求，作为教育教学的基本内容，将学生语文素养的培养融入到德育、智育、体育、美育、社会实践等各项教育活动及校园文化建设中。通过高标准的语言文字工作要求，促进学校管理水平的提升；通过加强语言文字能力培训，促进整体师资水平的提升；通过增强语言文字应用能力，促进学生综合素质和能力的提升。

（三）加强学校语言文字工作规范化建设。各地根据《中小学语言文字工作指导标准》（见附件）的要求，结合原有工作基础和本地区实际情况，制订适合各级各类学校的建设标准和评分细化方案，开展学校语言文字工作达标建设。高等学校应更加注重语言文字法律法规和规范标准的宣传推广，语言文字科学研究、工作方法和活动组织的创新实践；幼儿园应更加注重校园语言文字环境规范建设、教师的语言文字规范意识及应用能力的培养和建设，结合幼儿的学习特点，积极发展幼儿的倾听、理解和表达能力，民族地区双语幼儿园应注重为幼儿创设普通话交流的语言环境。有条件的地区，应在 2020 年前完成所有学校语言文字工作达标建设；暂不具备条件的地区，可适当推迟达标时限，所有学校最迟应在 2025 年前完成达标建设工作，2020 年前应完成一半以上。各地可在学校达标建设的基础上，开展各级语言文字示范校创建工作。

（四）加强学校语言文字工作督导评估。各级教育督导部门和语言文字工作部门在按照《语言文字工作督导评估办法》开展督导工作时，要将学校作为语言文字工作督导评估的重点领域，切实按照每 5 年一轮的频度对学校语言文字工作进行督导评估，确保学校语言文字工作规范化建设有序推进，达标建设任务按时完成。

（五）加强组织领导。各级教育行政部门负有主管语言文字工作的职责，应有专门机构和人员专管或兼管语言文字工作。各级语言文字工作机构要主动协调教育行政部门内部的相关职能部门，明确职责，分工协作，切实负起责任，共同做好职责范围内的各级各类学校语言文字工作。

（六）健全经费保障机制。各级教育行政部门和语言文字管理部门要保障学校语言文字工作经费，充分调动各方积极性，形成合力，共同推动工作开展。

附件：中小学语言文字工作指导标准（略）

教育部　国家语委

2017 年 1 月 17 日

教育部办公厅关于做好中小学生
课后服务工作的指导意见

教基一厅〔2017〕2号

各省、自治区、直辖市教育厅（教委），新疆生产建设兵团教育局：

开展中小学生课后服务，是促进学生健康成长、帮助家长解决按时接送学生困难的重要举措，是进一步增强教育服务能力、使人民群众具有更多获得感和幸福感的民生工程。近年来，各地在这方面作了积极努力和有益探索，积累了许多好经验好做法。但在一些地方还存在着中小学生课后服务没有开展、服务机制不健全、服务行为不规范等问题。为切实做好中小学生课后服务工作，现提出以下意见。

一、充分发挥中小学校课后服务主渠道作用。广大中小学校要结合实际积极作为，充分利用学校在管理、人员、场地、资源等方面的优势，主动承担起学生课后服务责任。要强化学校管理，建立健全课后服务制度。要完善工作措施，认真做好具体组织实施工作。各地教育行政部门要加强统筹规划，指导辖区内中小学校具体做好课后服务工作，帮助解决实际困难。对确实不具备条件但有课后服务需求的，要积极协调学校、社区、校外活动中心等资源，做好课后服务工作。具体课后服务时间由各地根据实际自行确定。

二、课后服务必须坚持学生家长自愿原则。中小学生是否参加课后服务，由学生家长自愿选择。中小学校开展课后服务工作，要事先充分征求家长意见，主动向家长告知服务方式、服务内容、安全保障措施等，建立家长申请、班级审核、学校统一实施的工作机制。课后服务要优先保障留守儿童、进城务工人员随迁子女等亟需服务群体。对于家长要求在校外另行实施的，中小学校要主动提醒家长选择有资质、有保障的课后服务机构。

三、科学合理确定课后服务内容形式。课后服务工作要遵循教育规律和学生成长规律，有利于促进学生全面发展。课后服务内容主要是安排学生做作业、自主阅读、体育、艺术、科普活动，以及娱乐游戏、拓展训练、开展社团及兴趣小组活动、观看适宜儿童的影片等，提倡对个别学习有困难的学生给予免费辅导帮助。坚决防止将课后服务变相成为集体教学或"补课"。鼓励中小学校与校外活动场所联合组织开展学生综合实践活动，或组织学生就近到社区、企事业单位开展社会实践活动。

四、切实保障课后服务学生安全。要完善安全管理制度。明确课后服务人员责任，加强对师生安全卫生意识教育；强化活动场所安全检查和门卫登记管理制度，制定并落实严格的考勤、监管、交接班制度和应急预案措施。由学校组织在校外实施课后服务的，教育行政部门要加强与综治、公安、卫生、食药监督等部门的协调配合，切实消除在交通、场地、消防、食品卫生、安全保卫等方面的隐患，确保学生人身安全。

五、进一步加强对课后服务工作的领导。各地教育行政部门要进一步强化担当、落实责任，统筹规划各类资源和需求，调动各方面积极性，努力形成课后服务工作合力。要积极向本地区党委、政府汇报，加强与相关部门沟通协调，争取资金支持，不断完善经费保障机制，通过"政府购买服务""财政补贴"等方式对参与课后服务的学校、单位和教师给予适当补助，严禁以课后服务名义乱收费。要把课后服务工作纳入中小学校考评体系，加强督导检查。要创新工作机制和方法，积极探索形成各具特色的课后服务工作模式。

各地要将开展中小学生课后服务工作有关情况及时报教育部。

教育部办公厅

2017 年 2 月 24 日

中华人民共和国高等教育法

中华人民共和国主席令

第四十号

  《全国人民代表大会常务委员会关于修改〈中华人民共和国高等教育法〉的决定》已由中华人民共和国第十二届全国人民代表大会常务委员会第十八次会议于 2015 年 12 月 27 日通过，现予公布，自 2016 年 6 月 1 日起施行。

中华人民共和国主席 习近平

2015 年 12 月 27 日

  (1998 年 8 月 29 日第九届全国人民代表大会常务委员会第四次会议通过；根据 2015 年 12 月 27 日第十二届全国人民代表大会常务委员会第十八次会议《关于修改〈中华人民共和国高等教育法〉的决定》修正)

第一章 总 则

第一条 为了发展高等教育事业，实施科教兴国战略，促进社会主义物质文明和精神文明建设，根据宪法和教育法，制定本法。

第二条 在中华人民共和国境内从事高等教育活动，适用本法。

本法所称高等教育，是指在完成高级中等教育基础上实施的教育。

第三条 国家坚持以马克思列宁主义、毛泽东思想、邓小平理论为指导，遵循宪法确定的基本原则，发展社会主义的高等教育事业。

第四条 高等教育必须贯彻国家的教育方针，为社会主义现代化建设服务、为人民服务，与生产劳动和社会实践相结合，使受教育者成为德、智、体、美等方面全面发展的社会主义建设者和接班人。

第五条 高等教育的任务是培养具有社会责任感、创新精神和实践能力的高级专门人才，发展科学技术文化，促进社会主义现代化建设。

第六条 国家根据经济建设和社会发展的需要，制定高等教育发展规划，举办高等学校，并采取多种形式积极发展高等教育事业。

国家鼓励企业事业组织、社会团体及其他社会组织和公民等社会力量依法举办高等学校，参与和支持高等教育事业的改革和发展。

第七条　国家按照社会主义现代化建设和发展社会主义市场经济的需要，根据不同类型、不同层次高等学校的实际，推进高等教育体制改革和高等教育教学改革，优化高等教育结构和资源配置，提高高等教育的质量和效益。

第八条　国家根据少数民族的特点和需要，帮助和支持少数民族地区发展高等教育事业，为少数民族培养高级专门人才。

第九条　公民依法享有接受高等教育的权利。

国家采取措施，帮助少数民族学生和经济困难的学生接受高等教育。

高等学校必须招收符合国家规定的录取标准的残疾学生入学，不得因其残疾而拒绝招收。

第十条　国家依法保障高等学校中的科学研究，文学艺术创作和其他文化活动的自由。

在高等学校中从事科学研究、文学艺术创作和其他文化活动，应当遵守法律。

第十一条　高等学校应当面向社会，依法自主办学，实行民主管理。

第十二条　国家鼓励高等学校之间、高等学校与科学研究机构以及企业事业组织之间开展协作，实行优势互补，提高教育资源的使用效益。

国家鼓励和支持高等教育事业的国际交流与合作。

第十三条　国务院统一领导和管理全国高等教育事业。省、自治区、直辖市人民政府统筹协调本行政区域内的高等教育事业，管理主要为地方培养人才和国务院授权管理的高等学校。

第十四条　国务院教育行政部门主管全国高等教育工作，管理由国务院确定的主要为全国培养人才的高等学校。国务院其他有关部门在国务院规定的职责范围内，负责有关的高等教育工作。

第二章　高等教育基本制度

第十五条　高等教育包括学历教育和非学历教育。

高等教育采用全日制和非全日制教育形式。

国家支持采用广播、电视、函授及其他远程教育方式实施高等教育。

第十六条　高等学历教育分为专科教育、本科教育和研究生教育。

高等学历教育应当符合下列学业标准：

（一）专科教育应当使学生掌握本专业必备的基础理论、专门知识，具有从事本专业实际工作的基本技能和初步能力；

（二）本科教育应当使学生比较系统地掌握本学科、专业必需的基础理论、基本知识，掌握本专业必要的基本技能、方法和相关知识，具有从事本专业实际工作和研究工作的初步能力；

（三）硕士研究生教育应当使学生掌握本学科坚实的基础理论、系统的专业知识，掌握相应的技能、方法和相关知识，具有从事本专业实际工作和科学研究工作的能力。博士研究生教育应当使学生掌握本学科坚实宽广的基础理论、系统深入的专业知识、相应的技能和方法，具有独立从事本学科创造性科学研究工作和实际工作的能力。

第十七条　专科教育的基本修业年限为二至三年，本科教育的基本修业年限为四至五年，硕士研究生教育的基本修业年限为二至三年，博士研究生教育的基本修业年限为三至四年。

非全日制高等学历教育的修业年限应当适当延长。高等学校根据实际需要，报主管的教育行政部门批准，可以对本学校的修业年限作出调整。

第十八条 高等教育由高等学校和其他高等教育机构实施。

大学、独立设置的学院主要实施本科及本科以上教育。高等专科学校实施专科教育。经国务院教育行政部门批准，科学研究机构可以承担研究生教育的任务。

其他高等教育机构实施非学历高等教育。

第十九条 高级中等教育毕业或者具有同等学力的，经考试合格，由实施相应学历教育的高等学校录取，取得专科生或者本科生入学资格。

本科毕业或者具有同等学力的，经考试合格，由实施相应学历教育的高等学校或者经批准承担研究生教育任务的科学研究机构录取，取得硕士研究生入学资格。

硕士研究生毕业或者具有同等学力的，经考试合格，由实施相应学历教育的高等学校或者经批准承担研究生教育任务的科学研究机构录取，取得博士研究生入学资格。

允许特定学科和专业的本科毕业生直接取得博士研究生入学资格，具体办法由国务院教育行政部门规定。

第二十条 接受高等学历教育的学生，由所在高等学校或者经批准承担研究生教育任务的科学研究机构根据其修业年限、学业成绩等，按照国家有关规定，发给相应的学历证书或者其他学业证书。

接受非学历高等教育的学生，由所在高等学校或者其他高等教育机构发给相应的结业证书。结业证书应当载明修业年限和学业内容。

第二十一条　国家实行高等教育自学考试制度，经考试合格的，发给相应的学历证书或者其他学业证书。

第二十二条　国家实行学位制度。学位分为学士、硕士和博士。

公民通过接受高等教育或者自学，其学业水平达到国家规定的学位标准，可以向学位授予单位申请授予相应的学位。

第二十三条　高等学校和其他高等教育机构应当根据社会需要和自身办学条件，承担实施继续教育的工作。

第三章　高等学校的设立

第二十四条　设立高等学校，应当符合国家高等教育发展规划，符合国家利益和社会公共利益。

第二十五条　设立高等学校，应当具备教育法规定的基本条件。

大学或者独立设置的学院还应当具有较强的教学、科学研究力量，较高的教学、科学研究水平和相应规模，能够实施本科及本科以上教育。大学还必须设有三个以上国家规定的学科门类为主要学科。设立高等学校的具体标准由国务院制定。

设立其他高等教育机构的具体标准，由国务院授权的有关部门或者省、自治区、直辖市人民政府根据国务院规定的原则制定。

第二十六条　设立高等学校，应当根据其层次、类型、所设学科类别、规模、教学和科学研究水平，使用相应的名称。

第二十七条　申请设立高等学校的，应当向审批机关提交下列材料：

（一）申办报告；

（二）可行性论证材料；

（三）章程；

（四）审批机关依照本法规定要求提供的其他材料。

第二十八条 高等学校的章程应当规定以下事项：

（一）学校名称、校址；

（二）办学宗旨；

（三）办学规模；

（四）学科门类的设置；

（五）教育形式；

（六）内部管理体制；

（七）经费来源、财产和财务制度；

（八）举办者与学校之间的权利、义务；

（九）章程修改程序；

（十）其他必须由章程规定的事项。

第二十九条 设立实施本科及以上教育的高等学校，由国务院教育行政部门审批；设立实施专科教育的高等学校，由省、自治区、直辖市人民政府审批，报国务院教育行政部门备案；设立其他高等教育机构，由省、自治区、直辖市人民政府教育行政部门审批。审批设立高等学校和其他高等教育机构应当遵守国家有关规定。

审批设立高等学校，应当委托由专家组成的评议机构评议。

高等学校和其他高等教育机构分立、合并、终止，变更名称、类别和其他重要事项，由本条第一款规定的审批机关审批；修改章程，应当根据管理权限，报国务院教育行政部门或者省、自治区、直辖市人民政府教育行政部门核准。

第四章　高等学校的组织和活动

第三十条　高等学校自批准设立之日起取得法人资格。高等学校的校长为高等学校的法定代表人。

高等学校在民事活动中依法享有民事权利，承担民事责任。

第三十一条　高等学校应当以培养人才为中心，开展教学、科学研究和社会服务，保证教育教学质量达到国家规定的标准。

第三十二条　高等学校根据社会需求、办学条件和国家核定的办学规模，制定招生方案，自主调节系科招生比例。

第三十三条　高等学校依法自主设置和调整学科、专业。

第三十四条　高等学校根据教学需要，自主制定教学计划、选编教材、组织实施教学活动。

第三十五条　高等学校根据自身条件，自主开展科学研究、技术开发和社会服务。

国家鼓励高等学校同企业事业组织、社会团体及其他社会组织在科学研究、技术开发和推广等方面进行多种形式的合作。

国家支持具备条件的高等学校成为国家科学研究基地。

第三十六条　高等学校按照国家有关规定，自主开展与境外高等学校之间的科学技术文化交流与合作。

第三十七条　高等学校根据实际需要和精简、效能的原则，自主确定教学、科学研究、行政职能部门等内部组织机构的设置和人员配备；按照国家有关规定，评聘教师和其他专业技术人员的职务，调整津贴及工资分配。

第三十八条　高等学校对举办者提供的财产、国家财政性资助、受捐赠财产依法自主管理和使用。

高等学校不得将用于教学和科学研究活动的财产挪作他用。

第三十九条 国家举办的高等学校实行中国共产党高等学校基层委员会领导下的校长负责制。中国共产党高等学校基层委员会按照中国共产党章程和有关规定，统一领导学校工作，支持校长独立负责地行使职权，其领导职责主要是：执行中国共产党的路线、方针、政策，坚持社会主义办学方向，领导学校的思想政治工作和德育工作，讨论决定学校内部组织机构的设置和内部组织机构负责人的人选，讨论决定学校的改革、发展和基本管理制度等重大事项，保证以培养人才为中心的各项任务的完成。

社会力量举办的高等学校的内部管理体制按照国家有关社会力量办学的规定确定。

第四十条 高等学校的校长，由符合教育法规定的任职条件的公民担任。高等学校的校长、副校长按照国家有关规定任免。

第四十一条 高等学校的校长全面负责本学校的教学、科学研究和其他行政管理工作，行使下列职权：

（一）拟订发展规划，制定具体规章制度和年度工作计划并组织实施；

（二）组织教学活动、科学研究和思想品德教育；

（三）拟订内部组织机构的设置方案，推荐副校长人选，任免内部组织机构的负责人；

（四）聘任与解聘教师以及内部其他工作人员，对学生进行学籍管理并实施奖励或者处分；

（五）拟订和执行年度经费预算方案，保护和管理校产，维护学校的合法权益；

（六）章程规定的其他职权。

高等学校的校长主持校长办公会议或者校务会议，处理前款规定的有关事项。

第四十二条　高等学校设立学术委员会，履行下列职责：

（一）审议学科建设、专业设置，教学、科学研究计划方案；

（二）评定教学、科学研究成果；

（三）调查、处理学术纠纷；

（四）调查、认定学术不端行为；

（五）按照章程审议、决定有关学术发展、学术评价、学术规范的其他事项。

第四十三条　高等学校通过以教师为主体的教职工代表大会等组织形式，依法保障教职工参与民主管理和监督，维护教职工合法权益。

第四十四条　高等学校应当建立本学校办学水平、教育质量的评价制度，及时公开相关信息，接受社会监督。

教育行政部门负责组织专家或者委托第三方专业机构对高等学校的办学水平、效益和教育质量进行评估。评估结果应当向社会公开。

第五章　高等学校教师和其他教育工作者

第四十五条　高等学校的教师及其他教育工作者享有法律规定的权利，履行法律规定的义务，忠诚于人民的教育事业。

第四十六条　高等学校实行教师资格制度。中国公民凡遵守宪法和法律，热爱教育事业，具有良好的思想品德，具备研究生或者大学本科毕业学历，有相应的教育教学能力，经认定合格，可以取得高等学校教师资格。不具备研究生或者大学本科毕业学历的公民，学有所长，通过国家教师资格考试，经认定合格，也可以取得高等学校教师资格。

第四十七条　高等学校实行教师职务制度。高等学校教师职务根据学校所承担的教学、科学研究等任务的需要设置。教师职务设助教、讲师、副教授、教授。

高等学校的教师取得前款规定的职务应当具备下列基本条件：

（一）取得高等学校教师资格；

（二）系统地掌握本学科的基础理论；

（三）具备相应职务的教育教学能力和科学研究能力；

（四）承担相应职务的课程和规定课时的教学任务。

教授、副教授除应当具备以上基本任职条件外，还应当对本学科具有系统而坚实的基础理论和比较丰富的教学、科学研究经验，教学成绩显著，论文或者著作达到较高水平或者有突出的教学、科学研究成果。

高等学校教师职务的具体任职条件由国务院规定。

第四十八条　高等学校实行教师聘任制。教师经评定具备任职条件的，由高等学校按照教师职务的职责、条件和任期聘任。

高等学校的教师的聘任，应当遵循双方平等自愿的原则，由高等学校校长与受聘教师签订聘任合同。

第四十九条　高等学校的管理人员，实行教育职员制度。高等学校的教学辅助人员及其他专业技术人员，实行专业技术职务聘任制度。

第五十条　国家保护高等学校教师及其他教育工作者的合法权益，采取措施改善高等学校教师及其他教育工作者的工作条件和生活条件。

第五十一条　高等学校应当为教师参加培训、开展科学研究和进行学术交流提供便利条件。

高等学校应当对教师、管理人员和教学辅助人员及其他专业技术人员的思想政治表现、职业道德、业务水平和工作实绩进行考核，考核结果作为聘任或者解聘、晋升、奖励或者处分的依据。

第五十二条　高等学校的教师、管理人员和教学辅助人员及其他专业技术人员，应当以教学和培养人才为中心做好本职工作。

第六章　高等学校的学生

第五十三条　高等学校的学生应当遵守法律、法规，遵守学生行为规范和学校的各项管理制度，尊敬师长，刻苦学习，增强体质，树立爱国主义、集体主义和社会主义思想，努力学习马克思列宁主义、毛泽东思想、邓小平理论，具有良好的思想品德，掌握较高的科学文化知识和专业技能。

高等学校学生的合法权益，受法律保护。

第五十四条　高等学校的学生应当按照国家规定缴纳学费。

家庭经济困难的学生，可以申请补助或者减免学费。

第五十五条　国家设立奖学金，并鼓励高等学校、企业事业组织、社会团体以及其他社会组织和个人按照国家有关规定设立各种形式的奖学金，对品学兼优的学生、国家规定的专业的学生以及到国家规定的地区工作的学生给予奖励。

国家设立高等学校学生勤工助学基金和贷学金，并鼓励高等学校、企业事业组织、社会团体以及其他社会组织和个人设立各种形式的助学金，对家庭经济困难的学生提供帮助。

获得贷学金及助学金的学生，应当履行相应的义务。

第五十六条　高等学校的学生在课余时间可以参加社会服务和勤工助学活动，但不得影响学业任务的完成。

高等学校应当对学生的社会服务和勤工助学活动给予鼓励和支持，并进行引导和管理。

第五十七条　高等学校的学生，可以在校内组织学生团体。学生团体在法律、法规规定的范围内活动，服从学校的领导和管理。

第五十八条　高等学校的学生思想品德合格，在规定的修业年限内学完规定的课程，成绩合格或者修满相应的学分，准予毕业。

第五十九条　高等学校应当为毕业生、结业生提供就业指导和服务。

国家鼓励高等学校毕业生到边远、艰苦地区工作。

第七章　高等教育投入和条件保障

第六十条　高等教育实行以举办者投入为主、受教育者合理分担培养成本、高等学校多种渠道筹措经费的机制。

国务院和省、自治区、直辖市人民政府依照教育法第五十六条的规定，保证国家举办的高等教育的经费逐步增长。

国家鼓励企业事业组织、社会团体及其他社会组织和个人向高等教育投入。

第六十一条　高等学校的举办者应当保证稳定的办学经费来源，不得抽回其投入的办学资金。

第六十二条　国务院教育行政部门会同国务院其他有关部门根据在校学生年人均教育成本，规定高等学校年经费开支标准和筹措的基本原则；省、自治区、直辖市人民政府教育行政部门会同有关部门制订本行政区域内高等学校年经费开支标准和筹措办法，作为举办者和高等学校筹措办学经费的基本依据。

第六十三条　国家对高等学校进口图书资料、教学科研设备以及校办产业实行优惠政策。高等学校所办产业或者转让知识产权以及其他科学技术成果获得的收益，用于高等学校办学。

第六十四条　高等学校收取的学费应当按照国家有关规定管理和使用，其他任何组织和个人不得挪用。

第六十五条　高等学校应当依法建立、健全财务管理制度，合理使用、严格管理教育经费，提高教育投资效益。

高等学校的财务活动应当依法接受监督。

第八章　附　　则

第六十六条　对高等教育活动中违反教育法规定的，依照教育法的有关规定给予处罚。

第六十七条　中国境外个人符合国家规定的条件并办理有关手续后，可以进入中国境内高等学校学习、研究、进行学术交流或者任教，其合法权益受国家保护。

第六十八条　本法所称高等学校是指大学、独立设置的学院和高等专科学校，其中包括高等职业学校和成人高等学校。

　　本法所称其他高等教育机构是指除高等学校和经批准承担研究生教育任务的科学研究机构以外的从事高等教育活动的组织。

　　本法有关高等学校的规定适用于其他高等教育机构和经批准承担研究生教育任务的科学研究机构，但是对高等学校专门适用的规定除外。

　　第六十九条　本法自 1999 年 1 月 1 日起施行。

中华人民共和国民办教育促进法

中华人民共和国主席令

第五十五号

　　《全国人民代表大会常务委员会关于修改〈中华人民共和国民办教育促进法〉的决定》已由中华人民共和国第十二届全国人民代表大会常务委员会第二十四次会议于 2016 年 11 月 7 日通过，现予公布，自 2017 年 9 月 1 日起施行。

中华人民共和国主席　习近平

2016 年 11 月 7 日

　　（2002 年 12 月 28 日第九届全国人民代表大会常务委员会第三十一次会议通过；根据 2013 年 6 月 29 日第十二届全国人民代表大会常务委员会第三次会议《关于修改〈中华人民共和国文物保护法〉等十二部法律的决定》第一次修正；根据 2016 年 11 月 07 日第十二

届全国人民代表大会常务委员会第二十四次会议《关于修改〈中华人民共和国民办教育促进法〉的决定》第二次修正)

第一章　总　则

第一条　为实施科教兴国战略，促进民办教育事业的健康发展，维护民办学校和受教育者的合法权益，根据宪法和教育法制定本法。

第二条　国家机构以外的社会组织或者个人，利用非国家财政性经费，面向社会举办学校及其他教育机构的活动，适用本法。本法未作规定的，依照教育法和其他有关教育法律执行。

第三条　民办教育事业属于公益性事业，是社会主义教育事业的组成部分。

国家对民办教育实行积极鼓励、大力支持、正确引导、依法管理的方针。

各级人民政府应当将民办教育事业纳入国民经济和社会发展规划。

第四条　民办学校应当遵守法律、法规，贯彻国家的教育方针，保证教育质量，致力于培养社会主义建设事业的各类人才。

民办学校应当贯彻教育与宗教相分离的原则。任何组织和个人不得利用宗教进行妨碍国家教育制度的活动。

第五条　民办学校与公办学校具有同等的法律地位，国家保障民办学校的办学自主权。

国家保障民办学校举办者、校长、教职工和受教育者的合法权益。

第六条　国家鼓励捐资办学。

国家对为发展民办教育事业做出突出贡献的组织和个人，给予奖励和表彰。

第七条　国务院教育行政部门负责全国民办教育工作的统筹规划、综合协调和宏观管理。

国务院人力资源社会保障行政部门及其他有关部门在国务院规定的职责范围内分别负责有关的民办教育工作。

第八条　县级以上地方各级人民政府教育行政部门主管本行政区域内的民办教育工作。

县级以上地方各级人民政府人力资源社会保障行政部门及其他有关部门在各自的职责范围内，分别负责有关的民办教育工作。

第九条　民办学校中的中国共产党基层组织，按照中国共产党章程的规定开展党的活动，加强党的建设。

第二章　设　立

第十条　举办民办学校的社会组织，应当具有法人资格。

举办民办学校的个人，应当具有政治权利和完全民事行为能力。

民办学校应当具备法人条件。

第十一条　设立民办学校应当符合当地教育发展的需求，具备教育法和其他有关法律、法规规定的条件。

民办学校的设置标准参照同级同类公办学校的设置标准执行。

第十二条 举办实施学历教育、学前教育、自学考试助学及其他文化教育的民办学校，由县级以上人民政府教育行政部门按照国家规定的权限审批；举办实施以职业技能为主的职业资格培训、职业技能培训的民办学校，由县级以上人民政府人力资源社会保障行政部门按照国家规定的权限审批，并抄送同级教育行政部门备案。

第十三条 申请筹设民办学校，举办者应当向审批机关提交下列材料：

（一）申办报告，内容应当主要包括：举办者、培养目标、办学规模、办学层次、办学形式、办学条件、内部管理体制、经费筹措与管理使用等；

（二）举办者的姓名、住址或者名称、地址；

（三）资产来源、资金数额及有效证明文件，并载明产权；

（四）属捐赠性质的校产须提交捐赠协议，载明捐赠人的姓名、所捐资产的数额、用途和管理方法及相关有效证明文件。

第十四条 审批机关应当自受理筹设民办学校的申请之日起三十日内以书面形式作出是否同意的决定。

同意筹设的，发给筹设批准书。不同意筹设的，应当说明理由。

筹设期不得超过三年。超过三年的，举办者应当重新申报。

第十五条 申请正式设立民办学校的，举办者应当向审批机关提交下列材料：

（一）筹设批准书；

（二）筹设情况报告；

（三）学校章程、首届学校理事会、董事会或者其他决策机构组成人员名单；

（四）学校资产的有效证明文件；

（五）校长、教师、财会人员的资格证明文件。

第十六条 具备办学条件，达到设置标准的，可以直接申请正式设立，并应当提交本法第十三条和第十五条（三）、（四）、（五）项规定的材料。

第十七条 申请正式设立民办学校的，审批机关应当自受理之日起三个月内以书面形式作出是否批准的决定，并送达申请人；其中申请正式设立民办高等学校的，审批机关也可以自受理之日起六个月内以书面形式作出是否批准的决定，并送达申请人。

第十八条 审批机关对批准正式设立的民办学校发给办学许可证。

审批机关对不批准正式设立的，应当说明理由。

第十九条 民办学校的举办者可以自主选择设立非营利性或者营利性民办学校。但是，不得设立实施义务教育的营利性民办学校。

非营利性民办学校的举办者不得取得办学收益，学校的办学结余全部用于办学。

营利性民办学校的举办者可以取得办学收益，学校的办学结余依照公司法等有关法律、行政法规的规定处理。

民办学校取得办学许可证后，进行法人登记，登记机关应当依法予以办理。

第三章　学校的组织与活动

第二十条 民办学校应当设立学校理事会、董事会或者其他形式的决策机构并建立相应的监督机制。

民办学校的举办者根据学校章程规定的权限和程序参与学校的办学和管理。

第二十一条　学校理事会或者董事会由举办者或者其代表、校长、教职工代表等人员组成。其中三分之一以上的理事或者董事应当具有五年以上教育教学经验。

学校理事会或者董事会由五人以上组成，设理事长或者董事长一人。理事长、理事或者董事长、董事名单报审批机关备案。

第二十二条　学校理事会或者董事会行使下列职权：

（一）聘任和解聘校长；

（二）修改学校章程和制定学校的规章制度；

（三）制定发展规划，批准年度工作计划；

（四）筹集办学经费，审核预算、决算；

（五）决定教职工的编制定额和工资标准；

（六）决定学校的分立、合并、终止；

（七）决定其他重大事项。

其他形式决策机构的职权参照本条规定执行。

第二十三条　民办学校的法定代表人由理事长、董事长或者校长担任。

第二十四条　民办学校参照同级同类公办学校校长任职的条件聘任校长，年龄可以适当放宽。

第二十五条　民办学校校长负责学校的教育教学和行政管理工作，行使下列职权：

（一）执行学校理事会、董事会或者其他形式决策机构的决定；

（二）实施发展规划，拟订年度工作计划、财务预算和学校规章制度；

（三）聘任和解聘学校工作人员，实施奖惩；

（四）组织教育教学、科学研究活动，保证教育教学质量；

（五）负责学校日常管理工作；

（六）学校理事会、董事会或者其他形式决策机构的其他授权。

第二十六条 民办学校对招收的学生，根据其类别、修业年限、学业成绩，可以根据国家有关规定发给学历证书、结业证书或者培训合格证书。

对接受职业技能培训的学生，经政府批准的职业技能鉴定机构鉴定合格的，可以发给国家职业资格证书。

第二十七条 民办学校依法通过以教师为主体的教职工代表大会等形式，保障教职工参与民主管理和监督。

民办学校的教师和其他工作人员，有权依照工会法，建立工会组织，维护其合法权益。

第四章　教师与受教育者

第二十八条 民办学校的教师、受教育者与公办学校的教师、受教育者具有同等的法律地位。

第二十九条 民办学校聘任的教师，应当具有国家规定的任教资格。

第三十条 民办学校应当对教师进行思想品德教育和业务培训。

第三十一条 民办学校应当依法保障教职工的工资、福利待遇和其他合法权益，并为教职工缴纳社会保险费。

国家鼓励民办学校按照国家规定为教职工办理补充养老保险。

第三十二条　民办学校教职工在业务培训、职务聘任、教龄和工龄计算、表彰奖励、社会活动等方面依法享有与公办学校教职工同等权利。

第三十三条　民办学校依法保障受教育者的合法权益。

民办学校按照国家规定建立学籍管理制度，对受教育者实施奖励或者处分。

第三十四条　民办学校的受教育者在升学、就业、社会优待以及参加先进评选等方面享有与同级同类公办学校的受教育者同等权利。

第五章　学校资产与财务管理

第三十五条　民办学校应当依法建立财务、会计制度和资产管理制度，并按照国家有关规定设置会计帐簿。

第三十六条　民办学校对举办者投入民办学校的资产、国有资产、受赠的财产以及办学积累，享有法人财产权。

第三十七条　民办学校存续期间，所有资产由民办学校依法管理和使用，任何组织和个人不得侵占。

任何组织和个人都不得违反法律、法规向民办教育机构收取任何费用。

第三十八条　民办学校收取费用的项目和标准根据办学成本、市场需求等因素确定，向社会公示，并接受有关主管部门的监督。

非营利性民办学校收费的具体办法，由省、自治区、直辖市人民政府制定；营利性民办学校的收费标准，实行市场调节，由学校自主决定。

民办学校收取的费用应当主要用于教育教学活动、改善办学条件和保障教职工待遇。

第三十九条 民办学校资产的使用和财务管理受审批机关和其他有关部门的监督。

民办学校应当在每个会计年度结束时制作财务会计报告，委托会计师事务所依法进行审计，并公布审计结果。

第六章 管理与监督

第四十条 教育行政部门及有关部门应当对民办学校的教育教学工作、教师培训工作进行指导。

第四十一条 教育行政部门及有关部门依法对民办学校实行督导，建立民办学校信息公示和信用档案制度，促进提高办学质量；组织或者委托社会中介组织评估办学水平和教育质量，并将评估结果向社会公布。

第四十二条 民办学校的招生简章和广告，应当报审批机关备案。

第四十三条 民办学校侵犯受教育者的合法权益，受教育者及其亲属有权向教育行政部门和其他有关部门申诉，有关部门应当及时予以处理。

第四十四条 国家支持和鼓励社会中介组织为民办学校提供服务。

第七章　扶持与奖励

第四十五条　县级以上各级人民政府可以设立专项资金，用于资助民办学校的发展，奖励和表彰有突出贡献的集体和个人。

第四十六条　县级以上各级人民政府可以采取购买服务、助学贷款、奖助学金和出租、转让闲置的国有资产等措施对民办学校予以扶持；对非营利性民办学校还可以采取政府补贴、基金奖励、捐资激励等扶持措施。

第四十七条　民办学校享受国家规定的税收优惠政策；其中，非营利性民办学校享受与公办学校同等的税收优惠政策。

第四十八条　民办学校依照国家有关法律、法规，可以接受公民、法人或者其他组织的捐赠。

国家对向民办学校捐赠财产的公民、法人或者其他组织按照有关规定给予税收优惠，并予以表彰。

第四十九条　国家鼓励金融机构运用信贷手段，支持民办教育事业的发展。

第五十条　人民政府委托民办学校承担义务教育任务，应当按照委托协议拨付相应的教育经费。

第五十一条　新建、扩建非营利性民办学校，人民政府应当按照与公办学校同等原则，以划拨等方式给予用地优惠。新建、扩建营利性民办学校，人民政府应当按照国家规定供给土地。

教育用地不得用于其他用途。

第五十二条　国家采取措施，支持和鼓励社会组织和个人到少数民族地区、边远贫困地区举办民办学校，发展教育事业。

第八章　变更与终止

第五十三条　民办学校的分立、合并，在进行财务清算后，由学校理事会或者董事会报审批机关批准。

申请分立、合并民办学校的，审批机关应当自受理之日起三个月内以书面形式答复；其中申请分立、合并民办高等学校的，审批机关也可以自受理之日起六个月内以书面形式答复。

第五十四条　民办学校举办者的变更，须由举办者提出，在进行财务清算后，经学校理事会或者董事会同意，报审批机关核准。

第五十五条　民办学校名称、层次、类别的变更，由学校理事会或者董事会报审批机关批准。

申请变更为其他民办学校，审批机关应当自受理之日起三个月内以书面形式答复；其中申请变更为民办高等学校的，审批机关也可以自受理之日起六个月内以书面形式答复。

第五十六条　民办学校有下列情形之一的，应当终止：

（一）根据学校章程规定要求终止，并经审批机关批准的；

（二）被吊销办学许可证的；

（三）因资不抵债无法继续办学的。

第五十七条　民办学校终止时，应当妥善安置在校学生。实施义务教育的民办学校终止时，审批机关应当协助学校安排学生继续就学。

第五十八条　民办学校终止时，应当依法进行财务清算。

民办学校自己要求终止的，由民办学校组织清算；被审批机关依法撤销的，由审批机关组织清算；因资不抵债无法继续办学而被终止的，由人民法院组织清算。

第五十九条 对民办学校的财产按照下列顺序清偿：

（一）应退受教育者学费、杂费和其他费用；

（二）应发教职工的工资及应缴纳的社会保险费用；

（三）偿还其他债务。

非营利性民办学校清偿上述债务后的剩余财产继续用于其他非营利性学校办学；营利性民办学校清偿上述债务后的剩余财产，依照公司法的有关规定处理。

第六十条 终止的民办学校，由审批机关收回办学许可证和销毁印章，并注销登记。

第九章 法律责任

第六十一条 民办学校在教育活动中违反教育法、教师法规定的，依照教育法、教师法的有关规定给予处罚。

第六十二条 民办学校有下列行为之一的，由县级以上人民政府教育行政部门、人力资源社会保障行政部门或者其他有关部门责令限期改正，并予以警告；有违法所得的，退还所收费用后没收违法所得；情节严重的，责令停止招生、吊销办学许可证；构成犯罪的，依法追究刑事责任：

（一）擅自分立、合并民办学校的；

（二）擅自改变民办学校名称、层次、类别和举办者的；

（三）发布虚假招生简章或者广告，骗取钱财的；

（四）非法颁发或者伪造学历证书、结业证书、培训证书、职业资格证书的；

（五）管理混乱严重影响教育教学，产生恶劣社会影响的；

（六）提交虚假证明文件或者采取其他欺诈手段隐瞒重要事实骗取办学许可证的；

（七）伪造、变造、买卖、出租、出借办学许可证的；

（八）恶意终止办学、抽逃资金或者挪用办学经费的。

第六十三条 县级以上人民政府教育行政部门、人力资源社会保障行政部门或者其他有关部门有下列行为之一的，由上级机关责令其改正；情节严重的，对直接负责的主管人员和其他直接责任人员，依法给予处分；造成经济损失的，依法承担赔偿责任；构成犯罪的，依法追究刑事责任：

（一）已受理设立申请，逾期不予答复的；

（二）批准不符合本法规定条件申请的；

（三）疏于管理，造成严重后果的；

（四）违反国家有关规定收取费用的；

（五）侵犯民办学校合法权益的；

（六）其他滥用职权、徇私舞弊的。

第六十四条 违反国家有关规定擅自举办民办学校的，由所在地县级以上地方人民政府教育行政部门或者人力资源社会保障行政部门会同同级公安、民政或者工商行政管理等有关部门责令停止办学、退还所收费用，并对举办者处违法所得一倍以上五倍以下罚款；构成违反治安管理行为的，由公安机关依法给予治安管理处罚；构成犯罪的，依法追究刑事责任。

第十章　附　则

第六十五条 本法所称的民办学校包括依法举办的其他民

办教育机构。

本法所称的校长包括其他民办教育机构的主要行政负责人。

第六十六条 境外的组织和个人在中国境内合作办学的办法，由国务院规定。

第六十七条 本法自 2003 年 9 月 1 日起施行。1997 年 7 月 31 日国务院颁布的《社会力量办学条例》同时废止。

附　录

中华人民共和国民办教育促进法实施条例

中华人民共和国国务院令
第 399 号

《中华人民共和国民办教育促进法实施条例》已经
2004 年 2 月 25 日国务院第 41 次常务会议通过，现予公
布，自 2004 年 4 月 1 日起施行。

总理　温家宝
二〇〇四年三月五日

第一章　总　则

第一条　根据《中华人民共和国民办教育促进法》（以下简
称民办教育促进法），制定本条例。

第二条　国家机构以外的社会组织或者个人可以利用非国
家财政性经费举办各级各类民办学校；但是，不得举办实施军
事、警察、政治等特殊性质教育的民办学校。

民办教育促进法和本条例所称国家财政性经费，是指财政
拨款、依法取得并应当上缴国库或者财政专户的财政性资金。

第三条 对于捐资举办民办学校表现突出或者为发展民办教育事业做出其他突出贡献的社会组织或者个人，县级以上人民政府给予奖励和表彰。

第二章 民办学校的举办者

第四条 国家机构以外的社会组织或者个人可以单独或者联合举办民办学校。联合举办民办学校的，应当签订联合办学协议，明确办学宗旨、培养目标以及各方的出资数额、方式和权利、义务等。

第五条 民办学校的举办者可以用资金、实物、土地使用权、知识产权以及其他财产作为办学出资。

国家的资助、向学生收取的费用和民办学校的借款、接受的捐赠财产，不属于民办学校举办者的出资。

第六条 公办学校参与举办民办学校，不得利用国家财政性经费，不得影响公办学校正常的教育教学活动，并应当经主管的教育行政部门或者劳动和社会保障行政部门按照国家规定的条件批准。公办学校参与举办的民办学校应当具有独立的法人资格，具有与公办学校相分离的校园和基本教育教学设施，实行独立的财务会计制度，独立招生，独立颁发学业证书。

参与举办民办学校的公办学校依法享有举办者权益，依法履行国有资产的管理义务，防止国有资产流失。

实施义务教育的公办学校不得转为民办学校。

第七条 举办者以国有资产参与举办民办学校的，应当根据国家有关国有资产监督管理的规定，聘请具有评估资格的中介机构依法进行评估，根据评估结果合理确定出资额，并报对该国有资产负有监管职责的机构备案。

第八条　民办学校的举办者应当按时、足额履行出资义务。民办学校存续期间，举办者不得抽逃出资，不得挪用办学经费。

民办学校的举办者不得向学生、学生家长筹集资金举办民办学校，不得向社会公开募集资金举办民办学校。

第九条　民办学校的举办者应当依照民办教育促进法和本条例的规定制定学校章程，推选民办学校的首届理事会、董事会或者其他形式决策机构的组成人员。

民办学校的举办者参加学校理事会、董事会或者其他形式决策机构的，应当依据学校章程规定的权限与程序，参与学校的办学和管理活动。

第十条　实施国家认可的教育考试、职业资格考试和技术等级考试等考试的机构，不得举办与其所实施的考试相关的民办学校。

第三章　民办学校的设立

第十一条　设立民办学校的审批权限，依照有关法律、法规的规定执行。

第十二条　民办学校的举办者在获得筹设批准书之日起3年内完成筹设的，可以提出正式设立申请。

第十三条　申请正式设立实施学历教育的民办学校的，审批机关受理申请后，应当组织专家委员会评议，由专家委员会提出咨询意见。

第十四条　民办学校的章程应当规定下列主要事项：

（一）学校的名称、地址；

（二）办学宗旨、规模、层次、形式等；

（三）学校资产的数额、来源、性质等；

（四）理事会、董事会或者其他形式决策机构的产生方法、人员构成、任期、议事规则等；

（五）学校的法定代表人；

（六）出资人是否要求取得合理回报；

（七）学校自行终止的事由；

（八）章程修改程序。

第十五条 民办学校只能使用一个名称。

民办学校的名称应当符合有关法律、行政法规的规定，不得损害社会公共利益。

第十六条 申请正式设立民办学校有下列情形之一的，审批机关不予批准，并书面说明理由：

（一）举办民办学校的社会组织或者个人不符合法律、行政法规规定的条件，或者实施义务教育的公办学校转为民办学校的；

（二）向学生、学生家长筹集资金举办民办学校或者向社会公开募集资金举办民办学校的；

（三）不具备相应的办学条件、未达到相应的设置标准的；

（四）学校章程不符合本条例规定要求，经告知仍不修改的；

（五）学校理事会、董事会或者其他形式决策机构的人员构成不符合法定要求，或者学校校长、教师、财会人员不具备法定资格，经告知仍不改正的。

第十七条 对批准正式设立的民办学校，审批机关应当颁发办学许可证，并将批准正式设立的民办学校及其章程向社会公告。

民办学校的办学许可证由国务院教育行政部门制定式

样，由国务院教育行政部门、劳动和社会保障行政部门按照职责分工分别组织印制。

第十八条 民办学校依照有关法律、行政法规的规定申请登记时，应当向登记机关提交下列材料：

（一）登记申请书；

（二）办学许可证；

（三）拟任法定代表人的身份证明；

（四）学校章程。

登记机关应当自收到前款规定的申请材料之日起 5 个工作日内完成登记程序。

第四章 民办学校的组织与活动

第十九条 民办学校理事会、董事会或者其他形式决策机构的负责人应当品行良好，具有政治权利和完全民事行为能力。

国家机关工作人员不得担任民办学校理事会、董事会或者其他形式决策机构的成员。

第二十条 民办学校的理事会、董事会或者其他形式决策机构，每年至少召开一次会议。经 1/3 以上组成人员提议，可以召开理事会、董事会或者其他形式决策机构临时会议。

民办学校的理事会、董事会或者其他形式决策机构讨论下列重大事项，应当经 2/3 以上组成人员同意方可通过：

（一）聘任、解聘校长；

（二）修改学校章程；

（三）制定发展规划；

（四）审核预算、决算；

（五）决定学校的分立、合并、终止；

（六）学校章程规定的其他重大事项。

民办学校修改章程应当报审批机关备案，由审批机关向社会公告。

第二十一条 民办学校校长依法独立行使教育教学和行政管理职权。

民办学校内部组织机构的设置方案由校长提出，报理事会、董事会或者其他形式决策机构批准。

第二十二条 实施高等教育和中等职业技术学历教育的民办学校，可以按照办学宗旨和培养目标，自行设置专业、开设课程，自主选用教材。但是，民办学校应当将其所设置的专业、开设的课程、选用的教材报审批机关备案。

实施高级中等教育、义务教育的民办学校，可以自主开展教育教学活动。但是，该民办学校的教育教学活动应当达到国务院教育行政部门制定的课程标准，其所选用的教材应当依法审定。

实施学前教育的民办学校可以自主开展教育教学活动，但是，该民办学校不得违反有关法律、行政法规的规定。

实施以职业技能为主的职业资格培训、职业技能培训的民办学校，可以按照国家职业标准的要求开展培训活动。

第二十三条 民办学校聘任的教师应当具备《中华人民共和国教师法》和有关行政法规规定的教师资格和任职条件。

民办学校应当有一定数量的专职教师；其中，实施学历教育的民办学校聘任的专职教师数量应当不少于其教师总数的1/3。

第二十四条 民办学校自主聘任教师、职员。民办学校聘任教师、职员，应当签订聘任合同，明确双方的权利、义务等。

民办学校招用其他工作人员应当订立劳动合同。

民办学校聘任外籍人员，按照国家有关规定执行。

第二十五条 民办学校应当建立教师培训制度，为受聘教师接受相应的思想政治培训和业务培训提供条件。

第二十六条 民办学校应当按照招生简章或者招生广告的承诺，开设相应课程，开展教育教学活动，保证教育教学质量。

民办学校应当提供符合标准的校舍和教育教学设施、设备。

第二十七条 民办学校享有与同级同类公办学校同等的招生权，可以自主确定招生的范围、标准和方式；但是，招收接受高等学历教育的学生应当遵守国家有关规定。

县级以上地方人民政府教育行政部门、劳动和社会保障行政部门应当为外地的民办学校在本地招生提供平等待遇，不得实行地区封锁，不得滥收费用。

民办学校招收境外学生，按照国家有关规定执行。

第二十八条 民办学校应当依法建立学籍和教学管理制度，并报审批机关备案。

第二十九条 民办学校及其教师、职员、受教育者申请国家设立的有关科研项目、课题等，享有与公办学校及其教师、职员、受教育者同等的权利。

民办学校的受教育者在升学、就业、社会优待、参加先进评选、医疗保险等方面，享有与同级同类公办学校的受教育者同等的权利。

第三十条 实施高等学历教育的民办学校符合学位授予条件的，依照有关法律、行政法规的规定经审批同意后，可以获得相应的学位授予资格。

第三十一条 教育行政部门、劳动和社会保障行政部门和其他有关部门，组织有关的评奖评优、文艺体育活动和课题、项目招标，应当为民办学校及其教师、职员、受教育者提供同等的机会。

第三十二条　教育行政部门、劳动和社会保障行政部门应当加强对民办学校的日常监督，定期组织和委托社会中介组织评估民办学校办学水平和教育质量，并鼓励和支持民办学校开展教育教学研究工作，促进民办学校提高教育教学质量。

教育行政部门、劳动和社会保障行政部门对民办学校进行监督时，应当将监督的情况和处理结果予以记录，由监督人员签字后归档。公众有权查阅教育行政部门、劳动和社会保障行政部门的监督记录。

第三十三条　民办学校终止的，由审批机关收回办学许可证，通知登记机关，并予以公告。

第五章　民办学校的资产与财务管理

第三十四条　民办学校应当依照《中华人民共和国会计法》和国家统一的会计制度进行会计核算，编制财务会计报告。

第三十五条　民办学校对接受学历教育的受教育者收取费用的项目和标准，应当报价格主管部门批准并公示；对其他受教育者收取费用的项目和标准，应当报价格主管部门备案并公示。具体办法由国务院价格主管部门会同教育行政部门、劳动和社会保障行政部门制定。

第三十六条　民办学校资产中的国有资产的监督、管理，按照国家有关规定执行。

民办学校接受的捐赠财产的使用和管理，依照《中华人民共和国公益事业捐赠法》的有关规定执行。

第三十七条　在每个会计年度结束时，捐资举办的民办学校和出资人不要求取得合理回报的民办学校应当从年度净资产增加额中、出资人要求取得合理回报的民办学校应当从年度净收益中，按不低于年度净资产增加额或者净收益的 25% 的比例提取发展基金，用于学校的建设、维护和教学设备的添置、更新等。

第六章　扶持与奖励

第三十八条　捐资举办的民办学校和出资人不要求取得合理回报的民办学校，依法享受与公办学校同等的税收及其他优惠政策。

出资人要求取得合理回报的民办学校享受的税收优惠政策，由国务院财政部门、税务主管部门会同国务院有关行政部门制定。

民办学校应当依法办理税务登记，并在终止时依法办理注销税务登记手续。

第三十九条　民办学校可以设立基金接受捐赠财产，并依照有关法律、行政法规的规定接受监督。

民办学校可以依法以捐赠者的姓名、名称命名学校的校舍或者其他教育教学设施、生活设施。捐赠者对民办学校发展做出特殊贡献的，实施高等学历教育的民办学校经国务院教育行政部门按照国家规定的条件批准，其他民办学校经省、自治区、直辖市人民政府教育行政部门或者劳动和社会保障行政部门按照国家规定的条件批准，可以以捐赠者的姓名或者名称作为学校校名。

第四十条　在西部地区、边远贫困地区和少数民族地区举办的民办学校申请贷款用于学校自身发展的，享受国家相关的信贷优惠政策。

第四十一条 县级以上人民政府可以根据本行政区域的具体情况，设立民办教育发展专项资金。民办教育发展专项资金由财政部门负责管理，由教育行政部门或者劳动和社会保障行政部门报同级财政部门批准后使用。

第四十二条 县级人民政府根据本行政区域实施义务教育的需要，可以与民办学校签订协议，委托其承担部分义务教育任务。县级人民政府委托民办学校承担义务教育任务的，应当根据接受义务教育学生的数量和当地实施义务教育的公办学校的生均教育经费标准，拨付相应的教育经费。

受委托的民办学校向协议就读的学生收取的费用，不得高于当地同级同类公办学校的收费标准。

第四十三条 教育行政部门应当会同有关行政部门建立、完善有关制度，保证教师在公办学校和民办学校之间的合理流动。

第四十四条 出资人根据民办学校章程的规定要求取得合理回报的，可以在每个会计年度结束时，从民办学校的办学结余中按一定比例取得回报。

民办教育促进法和本条例所称办学结余，是指民办学校扣除办学成本等形成的年度净收益，扣除社会捐助、国家资助的资产，并依照本条例的规定预留发展基金以及按照国家有关规定提取其他必须的费用后的余额。

第四十五条 民办学校应当根据下列因素确定本校出资人从办学结余中取得回报的比例：

（一）收取费用的项目和标准；

（二）用于教育教学活动和改善办学条件的支出占收取费用

的比例;

(三)办学水平和教育质量。

与同级同类其他民办学校相比较,收取费用高、用于教育教学活动和改善办学条件的支出占收取费用的比例低,并且办学水平和教育质量低的民办学校,其出资人从办学结余中取得回报的比例不得高于同级同类其他民办学校。

第四十六条 民办学校应当在确定出资人取得回报比例前,向社会公布与其办学水平和教育质量有关的材料和财务状况。

民办学校的理事会、董事会或者其他形式决策机构应当根据本条例第四十四条、第四十五条的规定作出出资人取得回报比例的决定。民办学校应当自该决定作出之日起 15 日内,将该决定和向社会公布的与其办学水平和教育质量有关的材料、财务状况报审批机关备案。

第四十七条 民办学校有下列情形之一的,出资人不得取得回报:

(一)发布虚假招生简章或者招生广告,骗取钱财的;

(二)擅自增加收取费用的项目、提高收取费用的标准,情节严重的;

(三)非法颁发或者伪造学历证书、职业资格证书的;

(四)骗取办学许可证或者伪造、变造、买卖、出租、出借办学许可证的;

(五)未依照《中华人民共和国会计法》和国家统一的会计制度进行会计核算、编制财务会计报告,财务、资产管理混乱的;

(六)违反国家税收征管法律、行政法规的规定,受到税务机关处罚的;

（七）校舍或者其他教育教学设施、设备存在重大安全隐患，未及时采取措施，致使发生重大伤亡事故的；

（八）教育教学质量低下，产生恶劣社会影响的。

出资人抽逃资金或者挪用办学经费的，不得取得回报。

第四十八条 除民办教育促进法和本条例规定的扶持与奖励措施外，省、自治区、直辖市人民政府还可以根据实际情况，制定本地区促进民办教育发展的扶持与奖励措施。

第七章 法律责任

第四十九条 有下列情形之一的，由审批机关没收出资人取得的回报，责令停止招生；情节严重的，吊销办学许可证；构成犯罪的，依法追究刑事责任：

（一）民办学校的章程未规定出资人要求取得合理回报，出资人擅自取得回报的；

（二）违反本条例第四十七条规定，不得取得回报而取得回报的；

（三）出资人不从办学结余而从民办学校的其他经费中提取回报的；

（四）不依照本条例的规定计算办学结余或者确定取得回报的比例的；

（五）出资人从办学结余中取得回报的比例过高，产生恶劣社会影响的。

第五十条 民办学校未依照本条例的规定将出资人取得回报比例的决定和向社会公布的与其办学水平和教育质量有关的材料、财务状况报审批机关备案，或者向审批机关备案的材料不真实的，由审批机关责令改正，并予以警告；有违法所得的，没收违法所得；情节严重的，责令停止招生、吊销办学许可证。

第五十一条 民办学校管理混乱严重影响教育教学，有下列情形之一的，依照民办教育促进法第六十二条的规定予以处罚：

（一）理事会、董事会或者其他形式决策机构未依法履行职责的；

（二）教学条件明显不能满足教学要求、教育教学质量低下，未及时采取措施的；

（三）校舍或者其他教育教学设施、设备存在重大安全隐患，未及时采取措施的；

（四）未依照《中华人民共和国会计法》和国家统一的会计制度进行会计核算、编制财务会计报告，财务、资产管理混乱的；

（五）侵犯受教育者的合法权益，产生恶劣社会影响的；

（六）违反国家规定聘任、解聘教师的。

第八章 附 则

第五十二条 本条例施行前依法设立的民办学校继续保留，并在本条例施行之日起1年内，由原审批机关换发办学许可证。

第五十三条 本条例规定的扶持与奖励措施适用于中外合作办学机构。

第五十四条 本条例自2004年4月1日起施行。

教育部关于鼓励和引导民间资金
进入教育领域促进民办教育
健康发展的实施意见

教发〔2012〕10号

各省、自治区、直辖市教育厅（教委），各计划单列市教育局，新疆生产建设兵团教育局，有关部门（单位）教育司（局），部属各高等学校：

为贯彻落实《国务院关于鼓励和引导民间投资健康发展的若干意见》（国发〔2010〕13号）、《国家中长期教育改革和发展规划纲要（2010—2020年）》，鼓励和引导民间资金发展教育和社会培训事业，促进民办教育健康发展，提出以下意见：

一、充分发挥民间资金推动教育事业发展的作用

（一）民办教育是社会主义教育事业的重要组成部分，是教育事业发展的重要增长点和促进教育改革的重要力量。要充分发挥民间资金的作用，把鼓励和引导民间资金进入教育领域、促进民办教育发展作为各级政府的重要职责。

（二）健全以政府投入为主，多渠道筹措经费的教育投入体制。加大政府教育投入的同时，采取积极有效措施，鼓励和引导民间资金进入教育领域，形成以政府办学为主体、全社会积极参与、公办教育与民办教育共同发展的格局。

（三）完善民办教育相关政策和制度，调动全社会参与教育的积极性，进一步激发民办教育体制机制上的优势和活力，满足人民群众多层次、多样化的教育需求，探索完善民办学校分

类管理的制度、机制。

二、拓宽民间资金参与教育事业发展的渠道

（四）鼓励和引导民间资金以多种方式进入教育领域。社会力量按照国家有关规定，以独立举办、合作举办等多种形式兴办民办学校（含其他教育机构，以下同），拓宽民间资金进入教育领域、参与教育事业改革和发展的渠道。

（五）鼓励和引导民间资金进入学前教育和学历教育领域。积极扶持民办幼儿园特别是面向大众、收费较低的普惠性幼儿园，引导民办中小学校办出特色，鼓励发展民办职业教育，积极支持有特色、高水平、高质量民办高校发展。

（六）鼓励和引导民间资金参与培训和继续教育。以社会需求为导向，积极鼓励民间资金参与在职人员职业培训、农村劳动力转移培训、转岗培训等各类非学历教育与教育培训，推进终身学习体系和学习型社会建设。完善政府统筹协调和监管机制，培育、规范非学历教育和教育培训发展环境，建立健全培训服务质量保障体系。

（七）允许境内外资金依法开展中外合作办学。外商投资公司在我国境内开展教育活动须符合《外商投资产业指导目录（2011年修订）》的规定。允许外资通过中外合作办学的境外一方依照《中外合作办学条例》及其实施办法参与合作办学。鼓励民间资金与我国境内学校合作，参与引进境外优质教育资源，依法举办高水平的中外合作办学机构。中外合作办学机构中境外资金的比例应低于50%。鼓励民间资金与我国境内学校合作赴境外办学，增强我国教育的国际竞争力。

三、制定完善促进民办教育发展的政策

（八）完善民办学校办学许可制度。进一步清理教育行政审批事项，改进审批方式，简化审批流程，规范民办学校审批工作。民办学校设置，执行同类型同层次公办学校的设置标准，可以适当放宽幼儿园审批条件。民办高校申请学士、硕士和博士学位授予权的，按与公办高校相同的程序和要求进行审批。

（九）清理并纠正对民办学校的各类歧视政策。依法清理与法律法规相抵触的、不利于民办教育改革发展的规章、政策和做法，落实民办学校与公办学校平等的法律地位。各级教育行政部门在自查自纠基础上，积极协调相关部门，重点清理纠正教育、财政、税收、金融、土地、建设、社会保障等方面不利于民办教育发展的政策，保护民办学校及其相关方的合法权益，完善促进民办教育发展的政策。

（十）落实民办学校办学自主权。民办学校依法自主制定发展规划，设立内部组织机构，聘任教师和职员，管理学校资产财务。实施高等学历教育和中等职业学历教育的民办学校，按照国家课程标准和有关规定自主设置和调整专业、开设课程、选用教材、制订教学计划和人才培养方案。基础教育阶段的民办学校在完成国家规定课程的前提下可以自主开展教育教学活动；民办学校引进的境外课程需报省级教育行政部门审核，对境外教材应依法进行审定。

（十一）落实民办学校招生自主权。支持民办高校参与高等学校招生改革试点。进一步扩大民办本科学校招生自主权，省级教育行政部门可视生源情况允许民办本科学校调整招生批次。完善民办高等专科学校、高等职业学校自主招生制度，有条件的地区教育行政部门可允许办学规范、管理严格的学校，在核定的办学规模内自主确定招生范围和年度招生计划。中等层次以下民办学校按照核定的办学规模，与当地公办学校同期面向社会自主招生。

（十二）落实民办学校教师待遇。民办学校教师在资格认定、职称评审、进修培训、课题申请、评先选优、国际交流等方面与公办学校教师享受同等待遇，在户籍迁移、住房、子女就学等方面享受与当地同级同类公办学校教师同等的人才引进政策。民办学校要依法依规保障教师工资、福利待遇，按照有关规定为教师办理社会保险和住房公积金，鼓励为教师办理补充保险。支持地方人民政府采取设立民办学校教师养老保险专项补贴等办法，探索建立民办学校教师年金制度，提高民办学校教师的退休待遇。建立健全民办学校教师人事代理服务制度，保障教师在公办学校和民办学校之间合理流动，鼓励高校毕业生、专业技术人员到民办学校任教任职。

（十三）保障民办学校学生权益。民办学校学生与公办学校学生同等纳入国家助学体系，在政府资助、评奖评优、升学就业、社会优待等方面与同级同类公办学校学生享有同等权利。民办普惠性幼儿园与公办幼儿园在园儿童享受同等的资助政策。

（十四）完善民办学校税费政策。民办学校用电、用水、用气、用热与公办学校同价。捐资举办和出资人不要求取得合理回报的民办学校执行与公办学校同等的税收政策。教育行政部门要积极配合协调相关部门制定出资人要求取得合理回报的民办学校、经营性教育培训机构和开展营利性民办学校试点的民办学校享受的税收优惠政策。民办学校向受教育者收取的学费、各种代收代办费用的项目和标准执行相关价格政策。

（十五）支持高水平有特色民办学校建设。扶持和资助民办学校提高管理水平，加强教师队伍建设，建立民办学校与公办学校共享优质教育资源的机制，深化教育教学改革，创新人才培养模式，推动民办学校不断提高办学水平和人才培养质量。

四、引导民办教育健康发展

（十六）健全民办学校内部治理结构。规范民办学校董事会（理事会）成员构成，限定学校举办者代表的比例，校长及学校关键管理岗位实行亲属回避制度。完善董事会议事规则和运行程序，董事会召开会议议决学校重大事项，应做会议记录并请全体董事会成员签字、存档备查。健全校长和领导班子的遴选和培养机制，实行校长任期制，保障校长、学校管理机构依法行使教育教学权和行政管理权。要切实加强民办学校党的建设工作，实现民办高校党组织全覆盖，充分发挥民办学校党组织政治核心作用，健全民办高校督导专员制度，建立民办学校教职工代表大会制度。民办高校要根据相关规定和实际工作需要，配备足够数量的辅导员和班主任。建立健全校园安全管理和保卫制度，配备安全保卫力量，完善安全防控体系，维护校园安全稳定。

（十七）健全民办学校资产和财务管理制度。依法落实学校法人财产权，学校存续期间，任何组织和个人不得侵占学校法人财产。民办学校应将举办者投入的资产、办学积累的资产、政府资助形成的资产分类登记建账，将学费收入、政府资助等公共性资金存入学校银行专款帐户，主管部门要对学校公共性资金的银行专款帐户进行监管，确保办学经费不被挪作他用。完善财务管理和会计制度，加强财务监督和资产监管，实行财务公开。民办学校应当在每个会计年度结束时依规出具财务会计报告，委托会计师事务所依法进行审计，审计结果报审批机关备案，并向社会公布。

（十八）建立民办学校风险防范机制。各地要加强民办学校办学管理信息系统建设，完善办学风险评估、预警机制，制订工作预案。学校主管部门应关注民办学校举办者的运行情况，对举办者非法干预学校运行、管理，抽逃出资，挪用学校办学经费等违法行为要加强监管，对可能影响所举办学校的重大事件及时了解、快速预警，督促学校规避风险、平稳运行。

（十九）建立民办学校退出机制。民办学校终止办学，要严格按照法律法规规定的程序，提出清算和安置方案，保证有序退出，保护师生权益，防范国有资产流失，维护社会稳定。民办学校举办者退出举办、转让举办者权益或者内部治理结构发生重大变更的，应事先公告，按规定程序变更后报学校审批机关依法核准或者备案。

五、健全民办教育管理与服务体系

（二十）将民办教育纳入地方经济社会发展和教育发展规划。各地在制订本地区教育事业发展规划、调整学校布局时，要充分考虑民办教育的作用，挖掘民间资金的潜力。新增教育资源要统筹考虑公办学校和民办学校的发展实际。

（二十一）加强对民办学校办学行为的监督。教育行政部门和有关部门要加强协调合作，开展民办学校年度检查，向社会公布检查结果，并将检查结果作为政府资助等扶持政策重要依据，不断完善政府扶持政策体系。健全民办学校督导、评估制度，强化督导专员的责任，发挥中介机构的作用，提高民办学校督导评价科学化水平。将检查、督导、评估作为规范民办教育的重要手段。

（二十二）提高民办教育管理和服务水平。各地要逐步建立满足公众需求、方便办学者需要、有利于提高政府管理服务水平的民办教育服务和管理信息平台，推进民办教育信息化建设，加强民间资金参与教育事业和社会培训事业的信息统计和发布工作。引导民办教育中介机构健康发展，加强民办教育研究机构建设。积极宣传民办教育先进典型、改革成果和发展成就，积极协调相关部门制定进一步促进民办教育发展的政策措施，营造全社会支持民办教育发展的良好环境。

中华人民共和国教育部

二〇一二年六月十八日

国务院关于鼓励社会力量兴办教育
促进民办教育健康发展的若干意见

国发〔2016〕81号

各省、自治区、直辖市人民政府，国务院各部委、各直属机构：

社会力量兴办教育是指各种社会力量以捐赠、出资、投资、合作等方式举办或者参与举办法律法规允许的各级各类学校和其他教育机构。改革开放以来，作为社会力量兴办教育主要形式的民办教育不断发展壮大，形成了从学前教育到高等教育、从学历教育到非学历教育，层次类型多样、充满生机活力的发展局面，有效增加了教育服务供给，为推动教育现代化、促进经济社会发展作出了积极贡献，已经成为社会主义教育事业的重要组成部分。同时，民办教育也面临许多制约发展的问题和困难。为鼓励社会力量兴办教育，促进民办教育健康发展，现提出如下意见。

一、总体要求

（一）指导思想。全面贯彻落实党的十八大和十八届三中、四中、五中、六中全会精神，深入贯彻习近平总书记系列重要讲话精神，按照"四个全面"战略布局和党中央、国务院决策部署，牢固树立并切实贯彻创新、协调、绿色、开放、共享五大发展理念，全面贯彻党的教育方针，坚持社会主义办学方向，坚持立德树人，培育和践行社会主义核心价值观。以实行分类管理为突破口，创新体制机制，完善扶持政策，加强规范管理，提高办学质量，进一步调动社会力量兴办教育的积极性，促进民办教育持续健康发展，培养德智体美全面发展的社会主义建设者和接班人。

（二）基本原则。

育人为本，德育为先。把立德树人作为根本任务，把理想信念教育摆在首要位置，形成全员、全过程、全方位育人的工作格局，提高学生服务国家服务人民的社会责任感、勇于探索的创新精神和善于解决问题的实践能力。

分类管理，公益导向。实行非营利性和营利性分类管理，实施差别化扶持政策，积极引导社会力量举办非营利性民办学校。坚持教育的公益属性，无论是非营利性民办学校还是营利性民办学校都要始终把社会效益放在首位。

优化环境，综合施策。统筹教育、登记、财政、土地、收费等相关政策，营造有利于民办教育发展的制度环境。

依法管理，规范办学。简政放权、放管结合、优化服务，依法履职，规范办学秩序，全面提高民办教育治理水平。

鼓励改革，上下联动。依靠改革创新推动发展，坚持顶层设计与基层创新相结合，共同破解民办教育改革发展难题和障碍。

二、加强党对民办学校的领导

（三）切实加强民办学校党的建设。全面加强民办学校党的思想建设、组织建设、作风建设、反腐倡廉建设、制度建设，增强政治意识、大局意识、核心意识、看齐意识。完善民办学校党组织设置，理顺民办学校党组织隶属关系，健全各级党组织工作保障机制，选好配强民办学校党组织负责人。民办学校党组织要发挥政治核心作用，强化思想引领，牢牢把握社会主义办学方向，牢牢把握党对民办学校意识形态工作的领导权、话语权，切实维护民办学校和谐稳定。民办高校党组织负责人兼任政府派驻学校的督导专员。实现学校基层党组织全覆盖、党建工作上水平，有效发挥基层党组织的战斗堡垒作用和共产党员的先锋模范作用。积极做好党员发展和教育管理服务工作。坚持党建带群建，加强民办学校共青团组织建设。各地要把民办学校党组织建设、党对民办学校的领导作为民办学校年度检查的重要内容。

（四）加强和改进民办学校思想政治教育工作。把思想政治教育工作纳入学校事业发展规划，把思想政治工作队伍建设纳入学校人才队伍培养规划，全面提升思想政治教育工作水平。切实加强思想政治理论课和思想品德课课程、教材、教师队伍建设，深入推进中国特色社会主义理论体系进教材、进课堂、进头脑，把社会主义核心价值观融入教育教学全过程、教书育人各环节，不断增强广大师生中国特色社会主义道路自信、理论自信、制度自信、文化自信。提高思想政治教育的针对性、实效性和吸引力、感染力，切实加强理想信念、爱国主义、集体主义、中国特色社会主义教育和中华优秀传统文化、革命传统文化、民族团结教育，引导学生树立正确的世界观、人生观、价值观。大力开展社会实践和志愿服务，积极开展心理健康教育。创新网络思想政治教育方式，大力弘扬主旋律、传播正能量，全面提高教书育人、实践育人、科研育人、管理育人、服务育人的水平。

三、创新体制机制

（五）建立分类管理制度。对民办学校（含其他民办教育机构）实行非营利性和营利性分类管理。非营利性民办学校举办者不取得办学收益，办学结余全部用于办学。营利性民办学校举办者可以取得办学收益，办学结余依据国家有关规定进行分配。民办学校依法享有法人财产权。

举办者自主选择举办非营利性民办学校或者营利性民办学校，依法依规办理登记。对现有民办学校按照举办者自愿的原则，通过政策引导，实现分类管理。

（六）建立差别化政策体系。国家积极鼓励和大力支持社会力量举办非营利性民办学校。各级人民政府要完善制度政策，在政府补贴、政府购买服务、基金奖励、捐资激励、土地划拨、税费减免等方面对非营利性民办学校给予扶持。各级人民政府可根据经济社会发展需要和公共服务需求，通过政府购买服务及税收优惠等方式对营利性民办学校给予支持。

（七）放宽办学准入条件。社会力量投入教育，只要是不属于法律法规禁止进入以及不损害第三方利益、社会公共利益、国家安全的领域，政府不得限制。政府制定准入负面清单，列出禁止和限制的办学行为。各地要重新梳理民办学校准入条件和程序，进一步简政放权，吸引更多的社会资源进入教育领域。

（八）拓宽办学筹资渠道。鼓励和吸引社会资金进入教育领域举办学校或者投入项目建设。创新教育投融资机制，多渠道吸引社会资金，扩大办学资金来源。鼓励金融机构在风险可控前提下开发适合民办学校特点的金融产品，探索办理民办学校未来经营收入、知识产权质押贷款业务，提供银行贷款、信托、融资租赁等多样化的金融服务。鼓励社会力量对非营利性民办学校给予捐赠。

（九）探索多元主体合作办学。推广政府和社会资本合作（PPP）模式，鼓励社会资本参与教育基础设施建设和运营管理、提供专业化服务。积极鼓励公办学校与民办学校相互购买管理服务、教学资源、科研成果。探索举办混合所有制职业院校，允许以资本、知识、技术、管理等要素参与办学并享有相应权利。鼓励营利性民办学校建立股权激励机制。

（十）健全学校退出机制。捐资举办的民办学校终止时，清偿后剩余财产统筹用于教育等社会事业。2016 年 11 月 7 日《全国人民代表大会常务委员会关于修改〈中华人民共和国民办教育促进法〉的决定》公布前设立的民办学校，选择登记为非营利性民办学校的，终止时，民办学校的财产依法清偿后有剩余的，按照国家有关规定给予出资者相应的补偿或者奖励，其余财产继续用于其他非营利性学校办学；选择登记为营利性民办学校的，应当进行财务清算，依法明确财产权属，终止时，民办学校的财产依法清偿后有剩余的，依照《中华人民共和国公司法》有关规定处理。具体办法由省、自治区、直辖市制定。2016 年 11 月 7 日后设立的民办学校终止时，财产处置按照有关规定和学校章程处理。各地要结合实际，健全民办学校退出机制，依法保护受教育者的合法权益。

四、完善扶持制度

（十一）加大财政投入力度。各级人民政府可按照《中华人民共和国预算法》、《中华人民共和国教育法》、《中华人民共和国民办教育促进法》等法律法规和制度要求，因地制宜，调整优化教育支出结构，加大对民办教育的扶持力度。财政扶持民办教育发展的资金要纳入预算，并向社会公开，接受审计和社会监督，提高资金使用效益。

（十二）创新财政扶持方式。地方各级人民政府应建立健全政府补贴制度，明确补贴的项目、对象、标准、用途。完善政府购买服务的标准和程序，建立绩效评价制度，制定向民办学校购买就读学位、课程教材、科研成果、职业培训、政策咨询等教育服务的具体政策措施。地方各级人民政府可按照国家关

于基金会管理的规定设立民办教育发展基金，支持成立相应的
基金会，组织开展各类有利于民办教育事业发展的活动。

（十三）落实同等资助政策。民办学校学生与公办学校学生
按规定同等享受助学贷款、奖助学金等国家资助政策。各级人
民政府应建立健全民办学校助学贷款业务扶持制度，提高民办
学校家庭经济困难学生获得资助的比例。民办学校要建立健全
奖助学金评定、发放等管理机制，应从学费收入中提取不少于
5%的资金，用于奖励和资助学生。落实鼓励捐资助学的相关优
惠政策措施，积极引导和鼓励企事业单位、社会组织和个人面
向民办学校设立奖助学金，加大资助力度。

（十四）落实税费优惠等激励政策。民办学校按照国家有关
规定享受相关税收优惠政策。对企业办的各类学校、幼儿园自
用的房产、土地，免征房产税、城镇土地使用税。对企业支持教
育事业的公益性捐赠支出，按照税法有关规定，在年度利润总额
12%以内的部分，准予在计算应纳税所得额时扣除；对个人支持
教育事业的公益性捐赠支出，按照税收法律法规及政策的相关规
定在个人所得税前予以扣除。非营利性民办学校与公办学校享有
同等待遇，按照税法规定进行免税资格认定后，免征非营利性收
入的企业所得税。捐资建设校舍及开展表彰资助等活动的冠名依
法尊重捐赠人意愿。民办学校用电、用水、用气、用热，执行与
公办学校相同的价格政策。

（十五）实行差别化用地政策。民办学校建设用地按科教用
地管理。非营利性民办学校享受公办学校同等政策，按划拨等方
式供应土地。营利性民办学校按国家相应的政策供给土地。只有
一个意向用地者的，可按协议方式供地。土地使用权人申请改变
全部或者部分土地用途的，政府应当将申请改变用途的土地收回，

按时价定价，重新依法供应。

（十六）实行分类收费政策。规范民办学校收费。非营利性民办学校收费，通过市场化改革试点，逐步实行市场调节价，具体政策由省级人民政府根据办学成本以及本地公办教育保障程度、民办学校发展情况等因素确定。营利性民办学校收费实行市场调节价，具体收费标准由民办学校自主确定。政府依法加强对民办学校收费行为的监管。

（十七）保障依法自主办学。扩大民办高等学校和中等职业学校专业设置自主权，鼓励学校根据国家战略需求和区域产业发展需要，依法依规设置和调整学科专业。民办中小学校在完成国家规定课程前提下，可自主开展教育教学活动。支持民办学校参与考试招生制度改革。社会声誉好、教学质量高、就业有保障的民办高等职业学校，可在核定的办学规模内自主确定招生范围和年度招生计划。中等以下层次民办学校按照国家有关规定，在核定的办学规模内，与当地公办学校同期面向社会自主招生。各地不得对民办学校跨区域招生设置障碍。

（十八）保障学校师生权益。完善学校、个人、政府合理分担的民办学校教职工社会保障机制。民办学校应依法为教职工足额缴纳社会保险费和住房公积金。鼓励民办学校按规定为教职工建立补充养老保险，改善教职工退休后的待遇。落实跨统筹地区社会保险关系转移接续政策，完善民办学校教师户籍迁移等方面的服务政策，探索建立民办学校教师人事代理制度和交流制度，促进教师合理流动。民办学校教师在资格认定、职务评聘、培养培训、评优表彰等方面与公办学校教师享有同等权利。非营利性民办学校教师享受当地公办学校同等的人才引进政策。民办学校学生在评奖评优、升学就业、社会优待、医疗保险等方面与同级同类公办学校学生享有同等权利。依法落实民办学校师生对学校办学管理的知情权、参与权，保障师生参与民主管理和民主监督的权利。完善民办学校师生争议处理机制，维护师生的合法权益。

五、加快现代学校制度建设

（十九）完善学校法人治理。民办学校要依法制定章程，按照章程管理学校。健全董事会（理事会）和监事（会）制度，董事会（理事会）和监事（会）成员依据学校章程规定的权限和程序共同参与学校的办学和管理。董事会（理事会）应当优化人员构成，由举办者或者其代表、校长、党组织负责人、教职工代表等共同组成。监事会中应当有党组织领导班子成员。探索实行独立董事（理事）、监事制度。健全党组织参与决策制度，积极推进"双向进入、交叉任职"，学校党组织领导班子成员通过法定程序进入学校决策机构和行政管理机构，党员校长、副校长等行政机构成员可按照党的有关规定进入党组织领导班子。学校党组织要支持学校决策机构和校长依法行使职权，督促其依法治教、规范管理。完善校长选聘机制，依法保障校长行使管理权。民办学校校长应熟悉教育及相关法律法规，具有 5 年以上教育管理经验和良好办学业绩，个人信用状况良好。学校关键管理岗位实行亲属回避制度。完善教职工代表大会和学生代表大会制度。

（二十）健全资产管理和财务会计制度。民办学校应当明确产权关系，建立健全资产管理制度。民办学校举办者应依法履行出资义务，将出资用于办学的土地、校舍和其他资产足额过户到学校名下。存续期间，民办学校对举办者投入学校的资产、国有资产、受赠的财产以及办学积累享有法人财产权，任何组织和个人不得侵占、挪用、抽逃。进一步规范民办学校会计核算，建立健全第三方审计制度。非营利性和营利性民办学校按照登记的法人属性，根据国家有关规定执行相应的会计制度。民办学校要明晰财务管理，依法设置会计账簿。民办学校应将举办者出资、政府补助、受赠、收费、办学积累等各类资产分类登记入账，定期开展资产清查，并将清查结果向社会公布。各地要探索制定符合民办学校特点的财务管理办法，完善民办学校年度财务、决算报告和预算报告报备制度。

（二十一）规范学校办学行为。民办学校要诚实守信、规范办学。办学条件应符合国家和地方规定的设置标准和有关要求，在校生数要控制在审批机关核定的办学规模内。要按照国家和地方有关规定做好宣传、招生工作，招生简章和广告须经审批机关备案。具有举办学历教育资格的民办学校，应按国家有关规定做好学籍管理工作，对招收的学历教育学生，学习期满成绩合格的颁发毕业证书，未达到学历教育要求的发给结业证书或者其他学业证书；对符合学位授予条件的学生，颁发相应的学位证书。各类民办学校对招收的非学历教育学生，发给结业证书或者培训合格证书。

（二十二）落实安全管理责任。民办学校应遵守国家有关安全法律、法规和规章，重视校园安全工作，确保校园安全技术防范系统建设符合国家和地方有关标准，学校选址和校舍建筑符合国家抗震设防、消防技术等相关标准。建立健全安全管理制度和应急机制，制定和完善突发事件应急预案，定期开展安全检查、巡查，及时发现和消除安全隐患。加强学生和教职员工安全教育培训，定期开展针对上课、课间、午休等不同场景的安全演练，提高师生安全意识和逃生自救能力。建立安全工作组织机构，配备学校内部安全保卫人员，明确安全工作职责。

六、提高教育教学质量

（二十三）明确学校办学定位。积极引导民办学校服务社会需求，更新办学理念，深化教育教学改革，创新办学模式，加强内涵建设，提高办学质量。学前教育阶段鼓励举办普惠性民办幼儿园，坚持科学保教，防止和纠正"小学化"现象。中小学校要执行国家课程方案和课程标准，坚持特色办学优质发展，满足多样化需求。职业院校应明确技术技能人才培养定位，服务区域经济和产业发展，深化产教融合、校企合作，提高技术技能型人才培养水平。鼓励举办应用技术类本科高等学校，培养适应经济结构调整、产业转型升级和新产业、新业态、新商业模式需要的人才。充分发挥民办教育在完善终身教育体系、构建学习型社会中的积极作用。

（二十四）加强教师队伍建设。各级人民政府和民办学校要把教师队伍建设作为提高教育教学质量的重要任务。各地要将民办学校教师队伍建设纳入教师队伍建设整体规划。民办学校要着力加强教师思想政治工作，建立健全教育、宣传、考核、监督与奖惩相结合的师德建设长效机制，全面提升教师师德素养。加强辅导员、班主任队伍建设。加强教学研究活动，重视青年教师培养，加大教师培训力度，不断提高教师的业务能力和水平。学校要在学费收入中安排一定比例资金用于教师培训。要关心教师工作和生活，提高教师工资和福利待遇。吸引各类高层次人才到民办学校任教，做到事业留人、感情留人、待遇留人。

（二十五）引进培育优质教育资源。鼓励支持高水平有特色民办学校培育优质学科、专业、课程、师资、管理，整体提升教育教学质量，着力打造一批具有国际影响力和竞争力的民办教育品牌，着力培养一批有理想、有境界、有情怀、有担当的民办教育家。允许民办高等学校和中等职业学校与世界高水平同类学校在学科、专业、课程建设以及人才培养等方面开展交流。

七、提高管理服务水平

（二十六）强化部门协调机制。各级人民政府要将发展民办教育纳入经济社会发展和教育事业整体规划，加强制度建设、标准制定、政策实施、统筹协调等工作，积极推进民办教育改革发展。国务院建立由教育部牵头，中央编办、国家发展改革委、公安部、民政部、财政部、人力资源社会保障部、国土资源部、住房城乡建设部、人民银行、税务总局、工商总局、银监会、证监会等部门参加的部际联席会议制度，协调解决民办教育发展中的重点难点问题，不断完善制度政策，优化民办教育发展环境。各地也应建立相应的部门协调机制。要将鼓励支持社会力量兴办教育作为考核各级人民政府改进公共服务方式的重要内容。

（二十七）改进政府管理方式。各级人民政府和行政管理部门要积极转变职能，减少事前审批，加强事中事后监管，提高政府管理服务水平。进一步清理涉及民办教育的行政许可事项，向社会公布权力清单、责任清单，严禁法外设权。改进许可方式，简化许可流程，明确工作时限，规范行政许可工作。建立民办教育管理信息系统，推广电子政务和网上办事，逐步实现日常管理事项网上并联办理，及时主动公开行政审批事项，提高服务效率，接受社会监督。

（二十八）健全监督管理机制。加强民办教育管理机构建设，强化民办教育督导，完善民办学校年度报告和年度检查制度。加强对新设立民办学校举办者的资格审查。完善民办学校财务会计制度、内部控制制度、审计监督制度，加强风险防范。推进民办教育信息公开，建立民办学校信息强制公开制度。建立违规失信惩戒机制，将违规办学的学校及其举办者和负责人纳入"黑名单"，规范学校办学行为。健全联合执法机制，加大对违法违规办学行为的查处力度。大力推进管办评分离，建立民办学校第三方质量认证和评估制度。民办学校行政管理部门根据评估结果，对办学质量不合格的民办学校予以警告、限期整改直至取消办学资格。

（二十九）发挥行业组织作用。积极培育民办教育行业组织，支持行业组织在行业自律、交流合作、协同创新、履行社会责任等方面发挥桥梁和纽带作用。依托各类专业机构开展民办学校咨询服务等工作。支持非营利性民办高等学校联盟等行业组织及其他教育中介组织在引导民办学校坚持公益性办学、创新人才培养模式、提升人才培养质量等方面发挥作用。

（三十）切实加强宣传引导。深入推进民办教育综合改革，鼓励地方和学校先行先试，总结推广试点地区和学校的成功做法和先进经验。加大对民办教育的宣传力度，按照国家有关规定奖励和表彰对民办教育改革发展作出突出贡献的集体和个人，树立民办教育良好社会形象，努力营造全社会共同关心、共同支持社会力量兴办教育的良好氛围。

鼓励社会力量兴办教育，促进民办教育健康发展，是一项事关当前、又利长远的重要任务。国务院有关部门要进一步解放思想，凝聚共识，加强领导，周密部署，切实落实鼓励社会力量兴办教育的各项政策措施。地方各级人民政府要根据本意见，因地制宜，积极探索，稳步推进，抓紧制定出台符合地方实际的实施意见和配套措施。

国务院

2016 年 12 月 29 日

全国普法学习读本

综合教育法律法规学习读本

教师教学综合法律法规

叶浦芳　主编

加大全民普法力度，建设社会主义法治文化，树立宪法法律至上、法律面前人人平等的法治理念。

—— 中国共产党第十九次全国代表大会《决胜全面建成小康社会　夺取新时代中国特色社会主义伟大胜利》

汕头大学出版社

图书在版编目（CIP）数据

教师教学综合法律法规／叶浦芳主编 . -- 汕头：
汕头大学出版社，2023.4（重印）
（综合教育法律法规学习读本）
ISBN 978-7-5658-3325-0

Ⅰ . ①教… Ⅱ . ①叶… Ⅲ . ①教育法–中国–学习参
考资料 Ⅳ . ①D922.164

中国版本图书馆 CIP 数据核字（2018）第 000652 号

教师教学综合法律法规　　JIAOSHI JIAOXUE ZONGHE FALÜ FAGUI

主　　编：叶浦芳
责任编辑：汪艳蕾
责任技编：黄东生
封面设计：大华文苑
出版发行：汕头大学出版社
　　　　　广东省汕头市大学路 243 号汕头大学校园内　邮政编码：515063
电　　话：0754-82904613
印　　刷：三河市元兴印务有限公司
开　　本：690mm×960mm 1/16
印　　张：18
字　　数：226 千字
版　　次：2018 年 1 月第 1 版
印　　次：2023 年 4 月第 2 次印刷
定　　价：59.60 元（全 2 册）
ISBN 978-7-5658-3325-0

前　言

习近平总书记指出："推进全民守法，必须着力增强全民法治观念。要坚持把全民普法和守法作为依法治国的长期基础性工作，采取有力措施加强法制宣传教育。要坚持法治教育从娃娃抓起，把法治教育纳入国民教育体系和精神文明创建内容，由易到难、循序渐进不断增强青少年的规则意识。要健全公民和组织守法信用记录，完善守法诚信褒奖机制和违法失信行为惩戒机制，形成守法光荣、违法可耻的社会氛围，使遵法守法成为全体人民共同追求和自觉行动。"

中共中央、国务院曾经转发了中央宣传部、司法部关于在公民中开展法治宣传教育的规划，并发出通知，要求各地区各部门结合实际认真贯彻执行。通知指出，全民普法和守法是依法治国的长期基础性工作。深入开展法治宣传教育，是全面建成小康社会和新农村的重要保障。

普法规划指出：各地区各部门要根据实际需要，从不同群体的特点出发，因地制宜开展有特色的法治宣传教育坚持集中法治宣传教育与经常性法治宣传教育相结合，深化法律进机关、进乡村、进社区、进学校、进企业、进单位的"法律六进"主题活动，完善工作标准，建立长效机制。

特别是农业、农村和农民问题，始终是关系党和人民事业发展的全局性和根本性问题。党中央、国务院发布的《关于推进社会主义新农村建设的若干意见》中明确提出要"加强农村法制建设，深入开展农村普法教育，增强农民的法制观念，提高农民依法行使权利和履行义务的自觉性。"多年普法实践证明，普及法律知识，提高法制观念,增强全社会依法办事意识具有重要作用。特别是在广大农村进行普法教育,是提高全民法律素质的需要。

多年来,我国在农村实行的改革开放取得了极大成功,农村发生了翻天覆地的变化,广大农民生活水平大大得到了提高。但是,由于历史和社会等原因,现阶段我国一些地区农民文化素质还不高,不学法、不懂法、不守法现象虽然较原来有所改变,但仍有相当一部分群众的法制观念仍很淡化,不懂、不愿借助法律来保护自身权益,这就极易受到不法的侵害,或极易进行违法犯罪活动,严重阻碍了全面建成小康社会和新农村步伐。

为此,根据党和政府的指示精神以及普法规划,特别是根据广大农村农民的现状,在有关部门和专家的指导下,特别编辑了这套《全国普法学习读本》。主要包括了广大人民群众应知应懂、实际实用的法律法规。为了辅导学习,附录还收入了相应法律法规的条例准则、实施细则、解读解答、案例分析等;同时为了突出法律法规的实际实用特点,兼顾地方性和特殊性,附录还收入了部分某些地方性法律法规以及非法律法规的政策文件、管理制度、应用表格等内容,拓展了本书的知识范围,使法律法规更"接地气",便于读者学习掌握和实际应用。

在众多法律法规中,我们通过甄别,淘汰了废止的,精选了最新的、权威的和全面的。但有部分法律法规有些条款不适应当下情况了,却没有颁布新的,我们又不能擅自改动,只得保留原有条款,但附录却有相应的补充修改意见或通知等。众多法律法规根据不同内容和受众特点,经过归类组合,优化配套。整套普法读本非常全面系统,具有很强的学习性、实用性和指导性,非常适合用于广大农村和城乡普法学习教育与实践指导。总之,是全国全民普法的良好读本。

目　　录

中华人民共和国教师法

普通高等学校学生管理规定

国家教育考试违规处理办法

中华人民共和国学位条例

中华人民共和国教师法

中华人民共和国主席令

第十八号

《全国人民代表大会常务委员会关于修改部分法律的决定》已由中华人民共和国第十一届全国人民代表大会常务委员会第十次会议于2009年8月27日通过，现予公布，自公布之日起施行。

中华人民共和国主席　胡锦涛

2009年8月27日

(1993年10月31日第八届全国人民代表大会常务委员会第四次会议通过；根据2009年8月27日中华人民共和国第十一届全国人民代表大会常务委员会第十次会议通过的《全国人民代表大会常务委员会关于修改部分法律的决定》修正)

第一章　总　则

第一条　为了保障教师的合法权益，建设具有良好思想品德修养和业务素质的教师队伍，促进社会主义教育事业的发展，制定本法。

第二条 本法适用于在各级各类学校和其他教育机构中专门从事教育教学工作的教师。

第三条 教师是履行教育教学职责的专业人员，承担教书育人，培养社会主义事业建设者和接班人、提高民族素质的使命。教师应当忠诚于人民的教育事业。

第四条 各级人民政府应当采取措施，加强教师的思想政治教育和业务培训，改善教师的工作条件和生活条件，保障教师的合法权益，提高教师的社会地位。全社会都应当尊重教师。

第五条 国务院教育行政部门主管全国的教师工作。

国务院有关部门在各自职权范围内负责有关的教师工作。

学校和其他教育机构根据国家规定，自主进行教师管理工作。

第六条 每年九月十日为教师节。

第二章 权利和义务

第七条 教师享有下列权利：

（一）进行教育教学活动，开展教育教学改革和实验；

（二）从事科学研究、学术交流，参加专业的学术团体，在学术活动中充分发表意见；

（三）指导学生的学习和发展，评定学生的品行和学业成绩；

（四）按时获取工资报酬，享受国家规定的福利待遇以及寒暑假期的带薪休假；

（五）对学校教育教学、管理工作和教育行政部门的工作提出意见和建议，通过教职工代表大会或者其他形式，参与学校的民主管理；

（六）参加进修或者其他方式的培训。

第八条 教师应当履行下列义务：

（一）遵守宪法、法律和职业道德，为人师表；

（二）贯彻国家的教育方针，遵守规章制度，执行学校的教学计划，履行教师聘约，完成教育教学工作任务；

（三）对学生进行宪法所确定的基本原则的教育和爱国主义、民族团结的教育，法制教育以及思想品德、文化、科学技术教育，组织、带领学生开展有益的社会活动；

（四）关心、爱护全体学生，尊重学生人格，促进学生在品德、智力、体质等方面全面发展；

（五）制止有害于学生的行为或者其他侵犯学生合法权益的行为，批评和抵制有害于学生健康成长的现象；

（六）不断提高思想政治觉悟和教育教学业务水平。

第九条 为保障教师完成教育教学任务，各级人民政府、教育行政部门、有关部门、学校和其他教育机构应当履行下列职责：

（一）提供符合国家安全标准的教育教学设施和设备；

（二）提供必需的图书、资料及其他教育教学用品；

（三）对教师在教育教学、科学研究中的创造性工作给以鼓励和帮助；

（四）支持教师制止有害于学生的行为或者其他侵犯学生合法权益的行为。

第三章 资格和任用

第十条 国家实行教师资格制度。

中国公民凡遵守宪法和法律，热爱教育事业，具有良好的思想品德，具备本法规定的学历或者经国家教师资格考试合格，有教育教学能力，经认定合格的，可以取得教师资格。

第十一条 取得教师资格应当具备的相应学历是：

（一）取得幼儿园教师资格，应当具备幼儿师范学校毕业及其以上学历；

（二）取得小学教师资格，应当具备中等师范学校毕业及其以上学历；

（三）取得初级中学教师、初级职业学校文化、专业课教师资格，应当具备高等师范专科学校或者其他大学专科毕业及其以上学历；

（四）取得高级中学教师资格和中等专业学校、技工学校、职业高中文化课、专业课教师资格，应当具备高等师范院校本科或者其他大学本科毕业及其以上学历；取得中等专业学校、技工学校和职业高中学生实习指导教师资格应当具备的学历，由国务院教育行政部门规定；

（五）取得高等学校教师资格，应当具备研究生或者大学本科毕业学历；

（六）取得成人教育教师资格，应当按照成人教育的层次、类别，分别具备高等、中等学校毕业及其以上学历。不具备本法规定的教师资格学历的公民，申请获取教师资格，必须通过国家教师资格考试。国家教师资格考试制度由国务院规定。

第十二条　本法实施前已经在学校或者其他教育机构中任教的教师，未具备本法规定学历的，由国务院教育行政部门规定教师资格过渡办法。

第十三条　中小学教师资格由县级以上地方人民政府教育行政部门认定。中等专业学校、技工学校的教师资格由县级以上地方人民政府教育行政部门组织有关主管部门认定。普通高等学校的教师资格由国务院或者省、自治区、直辖市教育行政部门或者由其委托的学校认定。具备本法规定的学历或者经国家教师资格考试合格的公民，要求有关部门认定其教师资格的，有关部门应当依照本法规定的条件予以认定。取得教师资格的人员首次任教时，应当有试用期。

第十四条 受到剥夺政治权利或者故意犯罪受到有期徒刑以上刑事处罚的，不能取得教师资格；已经取得教师资格的，丧失教师资格。

第十五条 各级师范学校毕业生，应当按照国家有关规定从事教育教学工作。国家鼓励非师范高等学校毕业生到中小学或者职业学校任教。

第十六条 国家实行教师职务制度，具体办法由国务院规定。

第十七条 学校和其他教育机构应当逐步实行教师聘任制。教师的聘任应当遵循双方地位平等的原则，由学校和教师签订聘任合同，明确规定双方的权利、义务和责任。实施教师聘任制的步骤、办法由国务院教育行政部门规定。

第四章 培养和培训

第十八条 各级人民政府和有关部门应当办好师范教育，并采取措施，鼓励优秀青年进入各级师范学校学习。各级教师进修学校承担培训中小学教师的任务。非师范学校应当承担培养和培训中小学教师的任务。各级师范学校学生享受专业奖学金。

第十九条 各级人民政府教育行政部门、学校主管部门和学校应当制定教师培训规划，对教师进行多种形式的思想政治、业务培训。

第二十条 国家机关、企业事业单位和其他社会组织应当为教师的社会调查和社会实践提供方便，给予协助。

第二十一条 各级人民政府应当采取措施，为少数民族地区和边远贫困地区培养、培训教师。

第五章 考 核

第二十二条 学校或者其他教育机构应当对教师的政治思想、

业务水平、工作态度和工作成绩进行考核。教育行政部门对教师的考核工作进行指导、监督。

第二十三条 考核应当客观、公正、准确，充分听取教师本人、其他教师以及学生的意见。

第二十四条 教师考核结果是受聘任教、晋升工资、实施奖惩的依据。

第六章 待 遇

第二十五条 教师的平均工资水平应当不低于或者高于国家公务员的平均工资水平，并逐步提高。建立正常晋级增薪制度，具体办法由国务院规定。

第二十六条 中小学教师和职业学校教师享受教龄津贴和其他津贴，具体办法由国务院教育行政部门会同有关部门制定。

第二十七条 地方各级人民政府对教师以及具有中专以上学历的毕业生到少数民族地区和边远贫困地区从事教育教学工作的，应当予以补贴。

第二十八条 地方各级人民政府和国务院有关部门，对城市教师住房的建设、租赁、出售实行优先、优惠。县、乡两级人民政府应当为农村中小学教师解决住房提供方便。

第二十九条 教师的医疗同当地国家公务员享受同等的待遇；定期对教师进行身体健康检查，并因地制宜安排教师进行休养。医疗机构应当对当地教师的医疗提供方便。

第三十条 师退休或者退职后，享受国家规定的退休或者退职待遇。县级以上地方人民政府可以适当提高长期从事教育教学工作的中小学退休教师教的退休金比例。

第三十一条 各级人民政府应当采取措施，改善国家补助、集体支付工资的中小学教师的待遇，逐步做到在工资收入上与国家支付工资的教师同工同酬，具体办法由地方各级人民政府根据本地区的实际情况规定。

第三十二条　社会力量所办学校的教师的待遇，由举办者自行确定并予以保障。

第七章　奖　励

第三十三条　教师在教育教学、培养人才、科学研究、教学改革、学校建设、社会服务、勤工俭学等方面成绩优异的，由所在学校予以表彰、奖励。国务院和地方各级人民政府及其有关部门对有突出贡献的教师，应当予以表彰、奖励。对有重大贡献的教师，依照国家有关规定授予荣誉称号。

第三十四条　国家支持和鼓励社会组织或者个人向依法成立的奖励教师的基金组织捐助资金，对教师进行奖励。

第八章　法律责任

第三十五条　侮辱、殴打教师的，根据不同情况，分别给予行政处分或者行政处罚；造成损害的，责令赔偿损失；情节严重，构成犯罪的，依法追究刑事责任。

第三十六条　对依法提出申诉、控告、检举的教师进行打击报复的，由其所在单位或者上级机关责令改正；情节严重的，可以根据具体情况给予行政处分。

国家工作人员对教师打击报复构成犯罪的，依照刑法第一百四十六条的规定追究刑事责任。

第三十七条　教师有下列情形之一的，由所在学校、其他教育机构或者教育行政部门给予行政处分或者解聘。

（一）故意不完成教育教学任务给教育教学工作造成损失的；

（二）体罚学生，经教育不改的；

（三）品行不良、侮辱学生，影响恶劣的。

教师有前款第（二）项、第（三）项所列情形之一，情节严重，构成犯罪的，依法追究刑事责任。

第三十八条 地方人民政府对违反本法规定，拖欠教师工资或者侵犯教师其他合法权益的，应当责令其限期改正。违反国家财政制度、财务制度，挪用国家财政用于教育的经费，严重妨碍教育教学工作，拖欠教师工资，损害教师合法权益的，由上级机关责令限期归还被挪用的经费，并对直接责任人员给予行政处分；情节严重，构成犯罪的，依法追究刑事责任。

第三十九条 教师对学校或者其他教育机构侵犯其合法权益的，或者对学校或者其他教育机构作出的处理不服的，可以向教育行政部门提出申诉，教育行政部门应当在接到申诉的三十日内，作出处理。教师认为当地人民政府有关行政部门侵犯其根据本法规定享有的权利的，可以向同级人民政府或者上一级人民政府有关部门提出申诉，同级人民政府或者上一级人民政府有关部门应当作出处理。

第九章　附　则

第四十条 本法下列用语的含义是：

（一）各级各类学校，是指实施学前教育、普通初等教育、普通中等教育、职业教育、普通高等教育以及特殊教育、成人教育的学校。

（二）其他教育机构，是指少年宫以及地方教研室、电化教育机构等。

（三）中小学教师，是指幼儿园、特殊教育机构、普通中小学、成人初等中等教育机构、职业中学以及其他教育机构的教师。

第四十一条　学校和其他教育机构中的教育教学辅助人员，其他类型的学校的教师和教育教学辅助人员，可以根据实际情况参照本法的有关规定执行。军队所属院校的教师和教育教学辅助人员，由中央军事委员会依照本法制定有关规定。

第四十二条　外籍教师的聘任办法由国务院教育行政部门规定。

第四十三条　本法自一九九四年一月一日起施行。

附　录

教师资格条例

中华人民共和国国务院令

第 188 号

现发布《教师资格条例》，自发布之日起施行。

国务院总理　李鹏

1995 年 12 月 12 日

第一章　总　则

第一条　为了提高教师素质，加强教师队伍建设，依据《中华人民共和国教师法》（以下简称教师法），制定本条例。

第二条　中国公民在各级各类学校和其他教育机构中专门从事教育教学工作，应当依法取得教师资格。

第三条　国务院教育行政部门主管全国教师资格工作。

第二章　教师资格分类与适用

第四条　教师资格分为：

（一）幼儿园教师资格；

（二）小学教师资格；

（三）初级中学教师和初级职业学校文化课、专业课教师资格（以下统称初级中学教师资格）；

（四）高级中学教师资格；

（五）中等专业学校、技工学校、职业高级中学文化课、专业课教师资格（以下统称中等职业学校教师资格）；

（六）中等专业学校、技工学校、职业高级中学实习指导教师资格（以下统称中等职业学校实习指导教师资格）；

（七）高等学校教师资格。

成人教育的教师资格，按照成人教育的层次，依照上款规定确定类别。

第五条 取得教师资格的公民，可以在本级及其以下等级的各类学校和其他教育机构担任教师；但是，取得中等职业学校实习指导教师资格的公民只能在中等专业学校、技工学校、职业高级中学或者初级职业学校担任实习指导教师。

高级中学教师资格与中等职业学校教师资格相互通用。

第三章　教师资格条件

第六条 教师资格条件依照教师法第十条第二款的规定执行，其中"有教育教学能力"应当包括符合国家规定的从事教育教学工作的身体条件。

第七条 取得教师资格应当具备的相应学历，依照教师法第十一条的规定执行。

取得中等职业学校实习指导教师资格，应当具备国务院教育行政部门规定的学历，并应当具有相当助理工程师以上专业技术职务或者中级以上工人技术等级。

第四章　教师资格考试

第八条 不具备教师法规定的教师资格学历的公民，申请获得教师资格，应当通过国家举办的或者认可的教师资格考试。

第九条 教师资格考试科目、标准和考试大纲由国务院教育行政部门审定。

教师资格考试试卷的编制、考务工作和考试成绩证明的发放，属于幼儿园、小学、初级中学、高级中学、中等职业学校教师资格考试和中等职业学校实习指导教师资格考试的，由县级以上人民政府教育行政部门组织实施；属于高等学校教师资格考试的，由国务院教育行政部门或者省、自治区、直辖市人民政府教育行政部门委托的高等学校组织实施。

第十条 幼儿园、小学、初级中学、高级中学、中等职业学校的教师资格考试和中等职业学校实习指导教师资格考试，每年进行一次。

参加前款所列教师资格考试，考试科目全部及格的，发给教师资格考试合格证明；当年考试不及格的科目，可以在下一年度补考；经补考仍有一门或者一门以上科目不及格的，应当重新参加全部考试科目的考试。

第十一条 高等学校教师资格考试根据需要举行。

申请参加高等学校教师资格考试的，应当学有专长，并有两名相关专业的教授或者副教授推荐。

第五章 教师资格认定

第十二条 具备教师法规定的学历或者经教师资格考试合格的公民，可以依照本条例的规定申请认定其教师资格。

第十三条 幼儿园、小学和初级中学教师资格，由申请人户籍所在地或者申请人任教学校所在地的县级人民政府教育行政部门认定。高级中学教师资格，由申请人户籍所在地或者申请人任教学校所在地的县级人民政府教育行政部门审查后，报上一级教育行政部门认定。中等职业学校教师资格和中等职业学校实习指导教师资格，由申请人户籍所在地或者申请人任教学校所在地的县级人民政府教育行政部门审查后，报上一级教育行政部门认定或者组织有关部门认定。

受国务院教育行政部门或者省、自治区、直辖市人民政府教育行政部门委托的高等学校，负责认定在本校任职的人员和拟聘人员的高等学校教师资格。

在未受国务院教育行政部门或者省、自治区、直辖市人民政府教育行政部门委托的高等学校任职的人员和拟聘人员的高等学校教师资格，按照学校行政隶属关系，由国务院教育行政部门认定或者由学校所在地的省、自治区、直辖市人民政府教育行政部门认定。

第十四条 认定教师资格，应当由本人提出申请。

教育行政部门和受委托的高等学校每年春季、秋季各受理一次教师资格认定申请。具体受理期限由教育行政部门或者受委托的高等学校规定，并以适当形式公布。申请人应当在规定的受理期限内提出申请。

第十五条 申请认定教师资格，应当提交教师资格认定申请表和下列证明或者材料：

（一）身份证明；

（二）学历证书或者教师资格考试合格证明；

（三）教育行政部门或者受委托的高等学校指定的医院出具的体格检查证明；

（四）户籍所在地的街道办事处、乡人民政府或者工作单位、所毕业的学校对其思想品德、有无犯罪记录等方面情况的鉴定及证明材料。

申请人提交的证明或者材料不全的，教育行政部门或者受委托的高等学校应当及时通知申请人于受理期限终止前补齐。

教师资格认定申请表由国务院教育行政部门统一格式。

第十六条 教育行政部门或者受委托的高等学校在接到公民的

教师资格认定申请后，应当对申请人的条件进行审查；对符合认定条件的，应当在受理期限终止之日起 30 日内颁发相应的教师资格证书；对不符合认定条件的，应当在受理期限终止之日起 30 日内将认定结论通知本人。

非师范院校毕业或者教师资格考试合格的公民申请认定幼儿园、小学或者其他教师资格的，应当进行面试和试讲，考察其教育教学能力；根据实际情况和需要，教育行政部门或者受委托的高等学校可以要求申请人补修教育学、心理学等课程。

教师资格证书在全国范围内适用。教师资格证书由国务院教育行政部门统一印制。

第十七条 已取得教师资格的公民拟取得更高等级学校或者其他教育机构教师资格的，应当通过相应的教师资格考试或者取得教师法规定的相应学历，并依照本章规定，经认定合格后，由教育行政部门或者受委托的高等学校颁发相应的教师资格证书。

第六章 罚 则

第十八条 依照教师法第十四条的规定丧失教师资格的，不能重新取得教师资格，其教师资格证书由县级以上人民政府教育行政部门收缴。

第十九条 有下列情形之一的，由县级以上人民政府教育行政部门撤销其教师资格：

（一）弄虚作假、骗取教师资格的；

（二）品行不良、侮辱学生，影响恶劣的。

被撤销教师资格的，自撤销之日起 5 年内不得重新申请认定教师资格，其教师资格证书由县级以上人民政府教育行政部门收缴。

第二十条 参加教师资格考试有作弊行为的，其考试成绩作废，3 年内不得再次参加教师资格考试。

第二十一条 教师资格考试命题人员和其他有关人员违反保密

规定，造成试题、参考答案及评分标准泄露的，依法追究法律责任。

第二十二条 在教师资格认定工作中玩忽职守、徇私舞弊，对教师资格认定工作造成损失的，由教育行政部门依法给予行政处分；构成犯罪的，依法追究刑事责任。

第七章 附 则

第二十三条 本条例自发布之日起施行。

教育部关于全面推进教师
管理信息化的意见

教师〔2017〕2号

各省、自治区、直辖市教育厅（教委），新疆生产建设兵团教育局，有关部门（单位）教育司（局），部属各高等学校：

为贯彻落实习近平总书记关于以信息化推进国家治理体系和治理能力现代化的重要指示精神，深入应用全国教师管理信息系统（以下简称教师系统），全面推进教师管理信息化，优化教师工作治理体系，提升教师工作治理能力，更好地开展教师队伍建设工作，现提出如下意见。

一、深刻认识教师管理信息化的重要意义

1. 推进教育信息化的重要支撑。教育信息化是党中央和国务院做出的重大决策部署，是事关教育现代化全局的战略选择，是破解教育难点问题的紧迫任务。教师管理信息化是推进教育信息化的根本要求和重要内容。当前，云计算、大数据、人工智能、物联网等新技术的应用日趋广泛，数字化、网络化、智能化服务正加快推进，社会整体信息化程度不断加深，教育信息化面临重大发展机遇。各地要抓住有利时机，以深入应用教师系统为抓手，加快推进教师管理信息化，推动教育信息化工作迈向新台阶。

2. 加强教师队伍建设的迫切需求。教育大计，教师为本。全面提升教育质量、扩大教育公平受益面、优化教育结构、深化教育改革、加快推进教育现代化对教师队伍建设和教师管理工作提出了更高要求。但是，教师规模庞大、类别多样、分布广泛，教师工作环节多，涉及师德建设、培养培训、资源配置、管理评价和待遇保障等，治理难度较大。传统手段很难做到对教师队伍的科学、精准、高效管理，很难实现教师队伍治理体系和治理能力的现代化。因此，必须要创新教师管理方式方法，积极整合利用信息技术手段，全面推进教师管理信息化，提升教师管理的效率与水平。

二、准确把握教师管理信息化的核心任务

3. 建立教师管理信息化体系。以教师系统为支撑，逐步实现教师系统与相关教育管理服务平台的互通、衔接，建立健全覆盖各级教育行政部门、各级各类学校及广大教师的互联互通、安全可靠的教师管理信息化体系，为加快推进教师治理体系和治理能力现代化奠定坚实基础。

4. 形成教师队伍大数据。依托教师系统，实现各级各类教师信息的"伴随式收集"，为每位教师建立电子档案，建立统一高效、互联互通、安全可靠的全国教师基础信息库；高效采集、有效整合教师系统及相关教育管理服务平台生成的教师信息，形成教师队伍大数据。完善相关制度，确立教师系统基础信息地位，作为教师和教育工作的重要数据来源。

5. 优化教师工作决策。将教师队伍大数据作为教师工作决策的基础支撑和重要依据，进行多角度、多层面、多方位的关联分析、融合利用，评价教师队伍发展状况、找准教师队伍发展问题、研判教师队伍发展趋势、确定教师队伍发展重点，提升教师工作决策的科学性、针对性和有效性。

6. 提升教师队伍治理水平。积极推进教师系统及相关教育管理服务平台与教师工作的深度融合，逐步推进教师管理方式重构、教师管理流程再造，实现教师管理过程精细化、治理工作精准化，优化教师管理核心工作，不断提升教师管理服务水平。

三、切实落实教师管理信息化的重点工作

7. 做好教师系统建设与管理。遵循"两级建设、五级应用，分级管理、属地运行，统一规划、地方定制，及时更新、深度使用"原则，根据教育和教师工作实际需求，完善教师基础信息库，拓展教师业务管理功能。地方可依托教师系统，围绕教师培养、教师培训、教师资源配置和教师管理评价等工作，开发本地特色功能模块，深入推进教师系统建设。各地要按照《全国教师管理信息系统管理暂行办法》（见附件）要求，紧扣"准""新""用"，认真做好教师信息采集、核准、更新工作，切实推进教师系统在教师队伍建设工作中的应用，确保教师系统安全、有效、可持续运行。

8. 支持教师精准培养。利用教师基础信息库，结合教育改革发展需求，分析、预测国家、区域、城乡不同层面和不同类别教师的补充需求，为合理确定教师培养规模、学历层次和学科专业结构等，为相关部门和高校制定招生计划提供可靠依据。利用教师队伍大数据，研究分析教师素质能力发展现状，完善教师培养方案，为优化教师培养课程设置、开发教师培养资源、推进教师培养模式改革、跟踪教师培养质量等提供有力支撑。

9. 促进教师培训专业化。利用教师基础信息库，分析各级各类教师培训工作进展，为制定培训规划，督促培训工作提供依据。利用教师队伍大数据，分析教师培训需求，为设计培训项目、开发培训课程、评估培训质量等，提供有力支持。依托教师系统及相关教育管理服务平台，推进教师培训选学，为教师创造选择培训内容、资源、途径和机构的机会，满足教师个性化发展需求。利用教师系统教师培训学分（学时）管理功能，推进教师培训学分管理，提供学分申报、审核、认定、查询一站式服务，推进培训学分银行建设，实现培训学分的累积、转换和应用。

10. 优化教师资源配置。利用教师基础信息库，分析全国、区域、城乡、校际等不同层面和各级各类教师的资源配置，深入研究教师的数量、学历、职称、学科、性别、年龄、工资待遇、流动等不同类别的信息，为优化教师编制配备、合理设置教师岗位、开展教师招聘补充、推进教师交流轮岗、加强教师待遇保障等提供基本依据。利用教师系统相关功能，改进教师调动管理，规范教师交流轮岗，推进城乡教师交流。

11. 改进教师管理服务。利用教师系统，为教师资格定期注册、职称评聘、评优评先、考核评价和项目申报等工作提供信息和管理服务，实现教师信息"一次生成、多方复用，一库管理、互认共享"，切实提升教师管理评价工作的信息化程度，优化管理流程，提高管理效率。

四、有效建立教师管理信息化的保障机制

12. 强化组织保障。各地教育行政部门要切实加强对教师管理信息化的组织领导，将教师管理信息化作为推进教育信息化、加强教师队伍建设的重要工作来抓。完善管理制度，加强统筹协调，整合相关部门力量，建立责权明确、分工协作、齐抓共管的工作机制。加强专业队伍建设，安排专人负责，为推进教师管理信息化提供人员保障。各级各类学校要明确相关责任部门和责任人，做好本校教师管理信息化的组织保障工作。

13. 强化经费保障。各地教育行政部门和各级各类学校要加大教师管理信息化投入力度，要在教育管理信息化工作中统筹落实教师系统功能拓展、深入应用、运行维护等各项工作经费，落实人员培训等队伍建设经费，为推进教师管理信息化提供经费保障。

14. 强化安全保障。各地教育行政部门和各级各类学校要高度重视网络与教师信息安全保障工作，按照《网络安全法》等相关法律法规要求，完善安全制度，明确安全责任，建立管理与技术双重保障体系，确保信息安全和应用可靠。落实国家网络安全等级保护制度和安全威胁监测预警制度，做好教师工作相关系统的等级保护、风险评估等工作。

15. 强化督查落实。要将教师管理信息化列入教师队伍建设和教育信息化工作督查考核的重要内容。建立督查考核机制，督促各地各校将教师管理信息化各项工作落实到位。

附件：全国教师管理信息系统管理暂行办法

教育部

2017 年 3 月 31 日

附件

全国教师管理信息系统管理暂行办法

第一章　总　则

第一条　为规范指导各地各校做好全国教师管理信息系统（以下简称教师系统）的管理工作，确保系统运行稳定、安全可靠、使用高效，更好地支持教师队伍建设工作，根据国家相关规章制度，特制定本办法。

第二条　教师系统管理遵循两级建设、五级应用，分级管理、属地运行，统一规划、地方定制，及时更新、深度使用的原则。教育部建立国家级教师系统，各省级教育行政部门建立省级教师系统，两级系统互联互通，服务国家、省、市、县、校等五级用户，将统一要求与拓展定制相结合，既满足国家宏观管理需要，又适应各地工作实际，实现教师信息及时更新，推进教师系统与教师工作的深度融合。

第三条　本办法所指的教师系统包括国家级教师系统和省级教师系统；所指的管理内容包括教师系统的基础信息管理和业务管理。

第四条　教师系统覆盖学校范围包括由政府、企业事业组织、社会团体、其他社会组织及公民个人依法举办的幼儿园、中小学校、中等职业学校、特殊教育学校和高等学校等。

第五条　教师系统覆盖人员范围包括在编教职工和签订一年以上合同的教师岗位、其他专业技术岗位和管理岗位教职工。

第二章　职责分工

第六条　教育部负责国家级教师系统的建设、运行与管理工作，统筹指导各地开展教师系统建设与应用工作。组织中央部门所属高校教师信息采集与应用工作，逐步实现高校教师相关平台与国家级教师系统的对接融合。

第七条　教师系统实行属地化管理，省级教育行政部门负责省级教师系统的建设、运行与管理。组织开展本省（区、市）幼儿园、中小学校、特殊教育学校、中等职业学校、高等学校等各级各类学校教师信息采集工作，推进教师系统应用工作。高校附属的幼儿园、中小学校教师信息采集工作由所在地教育行政部门负责组织。

第八条　各地教育行政部门要明确教师系统管理责任分工，教师或人事管理部门牵头负责，发展规划部门负责教师信息与教育事业统计的对接，财务部门负责经费落实，教育信息化技术支持与服务部门负责技术支持和日常运维。

第九条　各地教育行政部门和各级各类学校要加强教师系统专业队伍建设和技术服务等工作，建立工作激励机制，为系统建设与深度应用提供有力保障。

第十条　各地教育行政部门和各级各类学校要将教师系统与教师队伍建设和教育教学工作相结合，深入推进教师系统应用，不断提升教师管理服务水平。

第三章　信息管理

第十一条　教育部提出教师核心信息指标，省级教育行政部门在此基础上拓展定制本省（区、市）指标，确保指标科学、填报口径统一。

第十二条　采用教育部统计用学校（机构）代码，初始化并定期更新各地教育行政部门和各级各类学校代码。学校（机构）设置发生变化，应尽快联系主管教育行政部门的规划部门变更相关属性信息，教师系统适时更新。

第十三条　教师系统分别为国家、省、市、县、校等五级用户设立系统管理员、信息管理员和信息查询员账号。系统管理员负责管理本级用户及下级系统管理员的账号权限和账号密码等；信息管理员负责管理本级及下级单位教师信息录入、审核和上报工作，开展系统应用的管理服务工作；信息查询员可查询本级及下级单位教师基础信息及相关统计信息。学校系统管理员可根据需要，为本校教师创建账号。

第十四条　系统管理员、信息管理员和信息查询员账号严格实行实名制管理，要按照相关要求，做好 CA 证书使用工作。各地各校要建立相应制度，明确账号管理流程，规范账号使用行为，严格账号权限，不得超业务范围配置权限。严控三类账号数量，各地各校系统管理员账号不超过 1 个。

第十五条　各地各校用户账号按流程逐级分发至相应用户。省级教育行政部门要按照相关要求，逐步实现利用"应用支撑服务平台"创建和管理账号。系统管理员按要求做好权限分配的技术操作。

第十六条　教师信息采集工作由教育行政部门组织实施，学校管理员或教师本人录入。为确保信息准确，教师考核结果、待遇、师德和专业技术职务等信息应由学校或教育行政部门统一填报。学校如果已经具有相关信息平台，在采集指标相对应的前提下，可以采取批量导入等数据互通方式进行采集。

第十七条　教师要客观真实填报由个人提交的相关信息。学校负责审核本校教师信息，建立集体审核、校长负责机制，确保教师信息准确。学校主管教育行政部门负责对本地学校上报教师信息进行审核，要通过随机抽查学校、随机抽查教师、通报抽查结果等方式，确保教师信息真实、准确和完整。对未能通过身份证、查重等校验的问题数据，学校和教育行政部门应及时核查、妥善处理。

第十八条　省级教育行政部门要对本行政区域教育行政部门和学校数据更新频次提出明确要求，加快实现教师信息"伴随式收集"。省级教育行政部门和中央部门所属高校须确保每年3月底之前完成上一年度教师信息全面更新工作，9月底之前完成本年度上半年教师信息全面更新工作。

第十九条　教师信息如发生变化应及时更新。新信息添加可由教师本人操作，按程序审核确认。变更已有信息需由学校信息管理员提出申请，经主管教育行政部门审核后变更。

第二十条　完善教师系统信息管理功能，提高信息采集效率，增强信息统计分析功能，拓展信息管理服务范围。为高等学校等教职工人数较多的学校，增加二级部门信息管理等功能。

第四章　业务管理

第二十一条　新教师办理入职手续后，学校应及时为其注册建立电子档案，按程序完成信息采集、审核工作。

第二十二条　做好教师变动管理，对长时间不在岗、离职、离退休等情况的教师，学校信息管理员应及时对其在职情况进行变更。

第二十三条　教师调动管理，通过教师调动功能模块实现。由调入学校发起申请，依次经调入学校主管教育行政部门、调出学校、调出学校主管教育行政部门确认后，调取电子档案。如教师调动属于交流轮岗，则按第二十四条要求进行操作。

第二十四条　教师交流轮岗管理，通过交流轮岗功能模块实现。对不变更人事关系的交流轮岗，由派出学校发起申请，经派出学校主管教育行政部门审核确认后完成。对变更人事关系的交流轮岗，由派出学校发起申请，依次经派出学校主管教育行政部门、接收学校、接收学校主管教育行政部门审核确认后完成。

第二十五条 教师培训学分（学时）管理，通过教师培训学分管理功能模块实现。培训学分（学时）实行分级管理，遵循录入计划、提交结果、确认学分流程实施。各地教育行政部门录入本级培训项目及培训承办机构，生成培训计划；培训承办机构按要求将参训教师培训结果提交至系统；项目主管教育行政部门对培训结果进行审核，确认培训学分。国家级教师培训项目培训学分由省级教育行政部门按本省学时学分转化规则进行确认。校本研修计划录入及培训学分确认、教师自主研修学分确认需经主管教育行政部门审核。

第二十六条 充分利用教师系统信息，按照教师资格定期注册管理流程，便捷有效实现教师资格定期注册管理。

第二十七条 将根据各地统一需求，国家级教师系统将进一步开发教师业务管理功能。省级教师系统要根据教师管理信息化总体要求，结合本地实际，重点围绕教师培训选学、教师资源配置、教师职称评聘、评优评先和考核评价等教师业务工作，开发特色管理功能模块、优化教师治理，推进教师系统与教师工作的深度融合，切实用好教师系统，同时，以深度应用推进教师信息及时更新。

第五章 信息应用

第二十八条 各地教育行政部门和各级各类学校要加强教师信息的研究分析工作，评价现状、找准问题、研判趋势、确定重点，提升教师工作决策水平。

第二十九条 各地教育行政部门要建立教师信息分析报告制度，定期发布教师队伍建设报告，展示教师工作成效，增进社会了解，争取各方支持。

第三十条 各地教育行政部门要确立教师系统基础信息地位，作为教师和教育工作的重要数据来源，有效利用教师基础信息库，为教师管理评价工作提供信息服务，实现教师信息"一次生成、多方复用，一库管理、互认共享"。

第三十一条 坚持分级有序开放的原则，推进教师系统信息共享。各地教育行政部门要根据相关法律法规，建立信息共享使用制度，明确共享信息的范围，对共享信息的申请、审核、使用等进行全流程规范管理，确保信息安全。

第三十二条 省级教育行政部门要逐步实现教师系统与相关教育管理服务平台的互通、衔接，有效整合相关教师信息，建立教师队伍大数据，支持教师系统在更广层面的应用，建立教师系统可持续发展机制。

第六章　运维管理

第三十三条 教育信息化技术支持与服务部门在教师管理部门领导下具体负责教师系统的运维工作，做好网络、硬件设备、操作系统、数据库、中间件、工具软件等基础支撑平台和教师系统软件的运行管理。

第三十四条 教育信息化技术支持与服务部门要安排数量足够和素质过硬的网络、硬件、操作系统、数据库等技术运维人员，明确职责，细化任务，确保系统运行安全稳定、应用顺畅。

第三十五条 教育信息化技术支持与服务部门要做好对教师系统相关运维人员的督查考核和绩效评估工作，确保各项工作落到实处。教育行政部门要加强对教育信息化技术支持与服务部门教师系统运维工作的监督检查工作。

第七章　安全管理

第三十六条 省级教育行政部门要按照国家网络安全等级保护

制度要求，做好教师系统信息安全等级保护定级备案工作，落实相应安全保障措施，定期开展测评。

第三十七条　各地教育行政部门和各级各类学校要建立教师信息安全管理制度，实行教师信息采集、处理、存储、使用全过程管理，明确分工、责任到人，确保信息安全。加强安全教育，提升信息安全意识与防护技能。加强各级各类账号密码管理，落实相关责任人的安全保密责任。

第三十八条　教育信息化部门要做好教师系统技术安全保障工作，建立安全技术支撑体系，加强安全保障队伍建设，明确安全工作分工，落实安全责任主体，确保系统运行安全和信息安全。

第三十九条　各地教育行政部门和教育信息化部门要做好风险评估，加强安全威胁监测，制定预案，建立安全预警和应急处置机制。

第八章　附　则

第四十条　本办法自印发之日起施行。

中小学教师继续教育规定

中华人民共和国教育部令

第 7 号

1999 年 9 月 13 日

第一章 总 则

第一条 为了提高中小学教师队伍整体素质，适应基础教育改革发展和全面推进素质教育的需要，根据《中华人民共和国教育法》和《中华人民共和国教师法》，制定本规定。

第二条 本规定适用于国家和社会力量举办的中小学在职教师的继续教育工作。

第三条 中小学教师继续教育，是指对取得教师资格的中小学在职教师为提高思想政治和业务素质进行的培训。

第四条 参加继续教育是中小学教师的权利和义务。

第五条 各级人民政府教育行政部门管理中小学教师继续教育工作，应当采取措施，依法保障中小学教师继续教育工作的实施。

第六条 中小学教师继续教育应坚持因地制宜、分类指导、按需施教、学用结合的原则，采取多种形式，注重质量和实效。

第七条 中小学教师继续教育原则上每五年为一个培训周期。

第二章 内容与类别

第八条 中小学教师继续教育要以提高教师实施素质教育的能力和水平为重点。中小学教师继续教育的内容主要包括：思想政治教育和师德修养；专业知识及更新与扩展；现代教育理论与实践；

教育科学研究；教育教学技能训练和现代教育技术；现代科技与人文社会科学知识等。

第九条 中小学教师继续教育分为非学历教育和学历教育。

（一）非学历教育包括：

新任教师培训：为新任教师在试用期内适应教育教学工作需要而设置的培训。培训时间应不少于 120 学时。

教师岗位培训：为教师适应岗位要求而设置的培训。培训时间每五年累计不少于 240 学时。

骨干教师培训：对有培养前途的中青年教师按教育教学骨干的要求和对现有骨干教师按更高标准进行的培训。

（二）学历教育：对具备合格学历的教师进行的提高学历层次的培训。

第三章　组织管理

第十条 国务院教育行政部门宏观管理全国中小学教师继续教育工作；制定有关方针、政策；制定中小学教师继续教育教学基本文件，组织审定统编教材；建立中小学教师继续教育评估体系；指导各省、自治区、直辖市中小学教师继续教育工作。

第十一条 省、自治区、直辖市人民政府教育行政部门主管本地区中小学教师继续教育工作；制定本地区中小学教师继续教育配套政策和规划；全面负责本地区中小学教师继续教育的实施、检查和评估工作。市（地、州、盟）、县（区、市、旗）人民政府教育行政部门在省级人民政府教育行政部门指导下，负责管理本地区中小学教师继续教育工作。

第十二条 各级教师进修院校和普通师范院校在主管教育行政部门领导下，具体实施中小学教师继续教育的教育教学工作。中小学校应有计划地安排教师参加继续教育，并组织开展校内多种形式的培训。综合性高等学校、非师范类高等学校和其它教育机构，经教育行政部门批准，可参与中小学教师继续教育工作。经主管教育行政部门批准，社会力量可以举办中小学教师继续教育机构，但要符合国家规定的办学标准，保证中小学教师继续教育质量。

第四章　条件保障

第十三条　中小学教师继续教育经费以政府财政拨款为主，多渠道筹措，在地方教育事业费中专项列支。地方教育费附加应有一定比例用于义务教育阶段的教师培训。省、自治区、直辖市人民政府教育行政部门要制定中小学教师继续教育人均基本费用标准。中小学教师继续教育经费由县级及以上教育行政部门统一管理，不得截留或挪用。社会力量举办的中小学和其他教育机构教师的继续教育经费，由举办者自筹。

第十四条　地方各级人民政府教育行政部门要按照国家规定的办学标准，保证对中小学教师培训机构的投入。

第十五条　地方各级人民政府教育行政部门要加强中小学教师培训机构的教师队伍建设。

第十六条　经教育行政部门和学校批准参加继续教育的中小学教师，学习期间享受国家规定的工资福利待遇。学费、差旅费按各地有关规定支付。

第十七条　各级人民政府教育行政部门应当采取措施，大力扶持少数民族地区和边远贫困地区的中小学教师继续教育工作。

第五章　考核与奖惩

第十八条　地方各级人民政府教育行政部门要建立中小学教师继续教育考核和成绩登记制度。考核成绩作为教师职务聘任、晋级的依据之一。

第十九条　各级人民政府教育行政部门要对中小学教师继续教育工作成绩优异的单位和个人，予以表彰和奖励。

第二十条　违反本规定，无正当理由拒不参加继续教育的中小学教师，所在学校应督促其改正，并视情节给予批评教育。

第二十一条　对中小学教师继续教育质量达不到规定要求的，教育行政主管部门应责令其限期改正。对未按规定办理审批手续而举办中小学教师继续教育活动的，教育行政主管部门应责令其补办手续或停止其举办中小学教师继续教育活动。

第六章　附　则

第二十二条　本规定所称中小学教师，是指幼儿园，特殊教育机构，普通中小学，成人初等、中等教育机构，职业中学以及其他教育机构的教师。

第二十三条　各省、自治区、直辖市可根据本地区的实际情况，制定具体实施办法。

第二十四条　本规定自发布之日起施行。

中小学教师违反职业道德行为处理办法

教育部关于印发
《中小学教师违反职业道德行为处理办法》的通知
教师〔2014〕1号

各省、自治区、直辖市教育厅（教委），新疆生产建设兵团教育局：

现将《中小学教师违反职业道德行为处理办法》印发给你们，请遵照执行。

中华人民共和国教育部
2014年1月11日

第一条 为规范教师职业行为，保障教师、学生的合法权益，根据《中华人民共和国教育法》《中华人民共和国未成年人保护法》《中华人民共和国教师法》《教师资格条例》等法律法规，制定本办法。

第二条 本办法所称中小学教师是指幼儿园、特殊教育机构、普通中小学、中等职业学校、少年宫以及地方教研室、电化教育等机构的教师。

前款所称中小学教师包括民办学校教师。

第三条 本办法所称处分包括警告、记过、降低专业技术职务等级、撤销专业技术职务或者行政职务、开除或者解除聘用合同。其中，警告期限为6个月，记过期限为12个月，降低专业技术职务等级、撤销专业技术职务或者行政职务期限为24个月。

第四条 教师有下列行为之一的，视情节轻重分别给予相应处分：

（一）在教育教学活动中有违背党和国家方针政策言行的；

（二）在教育教学活动中遇突发事件时，不履行保护学生人身

安全职责的;

（三）在教育教学活动和学生管理、评价中不公平公正对待学生，产生明显负面影响的;

（四）在招生、考试、考核评价、职务评审、教研科研中弄虚作假、营私舞弊的;

（五）体罚学生的和以侮辱、歧视等方式变相体罚学生，造成学生身心伤害的;

（六）对学生实施性骚扰或者与学生发生不正当关系的;

（七）索要或者违反规定收受家长、学生财物的;

（八）组织或者参与针对学生的经营性活动，或者强制学生订购教辅资料、报刊等谋取利益的;

（九）组织、要求学生参加校内外有偿补课，或者组织、参与校外培训机构对学生有偿补课的;

（十）其他严重违反职业道德的行为应当给予相应处分的。

第五条　学校及学校主管教育部门发现教师可能存在第四条列举行为的，应当及时组织调查，核实有关事实。作出处理决定前，应当听取教师的陈述和申辩，听取学生、其他教师、家长委员会或者家长代表意见，并告知教师有要求举行听证的权利。对于拟给予降低专业技术职务等级以上的处分，教师要求听证的，拟作出处理决定的部门应当组织听证。

第六条　给予教师处分，应当坚持公正、公平和教育与惩处相结合的原则;应当与其违反职业道德行为的性质、情节、危害程度相适应;应当事实清楚、证据确凿、定性准确、处理恰当、程序合法、手续完备。

第七条　给予教师处分按照以下权限决定:

（一）警告和记过处分，公办学校教师由所在学校提出建议，学校主管教育部门决定。民办学校教师由所在学校决定，报主管教育部门备案。

（二）降低专业技术职务等级、撤销专业技术职务或者行政职务处分，由教师所在学校提出建议，学校主管教育部门决定并报同级人事部门备案。

（三）开除处分，公办学校教师由所在学校提出建议，学校主管教育部门决定并报同级人事部门备案；民办学校教师或者未纳入人事编制管理的教师由所在学校决定并解除其聘任合同，报主管教育部门备案。

第八条　处分决定应当书面通知教师本人并载明认定的事实、理由、依据、期限及救济途径等内容。

第九条　教师有第四条列举行为受到处分的，符合《教师资格条例》第十九条规定的，由县级以上教育行政部门依法撤销其教师资格。教师受处分期间暂缓教师资格定期注册。依据《中华人民共和国教师法》第十四条规定丧失教师资格的，不能重新取得教师资格。教师受降低专业技术职务等级处分期间不能申报高一级专业技术职务。教师受撤销专业技术职务处分期间不能重新申报专业技术职务。

第十条　教师不服处分决定的，可以向学校主管教育部门申请复核。对复核结果不服的，可以向学校主管教育部门的上一级行政部门提出申诉。

第十一条　学校及主管教育部门拒不处分、拖延处分或者推诿隐瞒造成不良影响或者严重后果的，上一级行政部门应当追究有关领导责任。

第十二条　教师被依法判处刑罚的，依据《事业单位工作人员处分暂行规定》给予撤销专业技术职务或者行政职务以上处分。教师受到剥夺政治权利或者故意犯罪受到有期徒刑以上刑事处罚的，丧失教师资格。

第十三条　省级教育行政部门应当结合当地实际情况制定实施细则，并报国务院教育行政部门备案。

第十四条　本办法自发布之日起施行。

乡村教师支持计划（2015—2020 年）

国务院办公厅关于印发

乡村教师支持计划（2015—2020 年）的通知

国办发〔2015〕43 号

各省、自治区、直辖市人民政府，国务院各部委、各直属机构：

《乡村教师支持计划（2015—2020 年）》已经国务院同意，现印发给你们，请结合实际认真贯彻执行。

国务院办公厅

2015 年 6 月 1 日

为深入推进全面建成小康社会、全面深化改革、全面依法治国、全面从严治党"四个全面"战略布局，认真贯彻党中央、国务院关于加强教师队伍建设的部署和要求，采取切实措施加强老少边穷岛等边远贫困地区乡村教师队伍建设，明显缩小城乡师资水平差距，让每个乡村孩子都能接受公平、有质量的教育，特制定乡村教师（包括全国乡中心区、村庄学校教师，下同）支持计划。

一、重要意义

到 2020 年全面建成小康社会、基本实现教育现代化，薄弱环节和短板在乡村，在中西部老少边穷岛等边远贫困地区。发展乡村教育，帮助乡村孩子学习成才，阻止贫困现象代际传递，是功在当代、利在千秋的大事。发展乡村教育，教师是关键，必须把乡村教师队伍建设摆在优先发展的战略地位。党和国家历来高度重视乡村教师队伍建设，在稳定和扩大规模、提高待遇水平、加强培养培训等方面采取了一系列政策举措，乡村教师队伍面貌发生了巨大变化，乡村教育质量得到了显著提高，广大乡村教师为中国乡村教育发展作出了历史性的贡献。但受城乡发展不平衡、交通地理条件不便、学校办学条件欠账多等因素影响，当前乡村教师队伍仍面临职业吸引力不强、补充渠道不畅、优质资源配置不足、结构不尽合理、整体素质不高等突出问题，制约了乡村教育持续健康发展。实施乡村教师支持计划，对于解决当前乡村教师队伍建设领域存在的突出问题，吸引优秀人才到乡村学校任教，稳定乡村教师队伍，带动和促进教师队伍整体水平提高，促进教育公平、推动城乡一体化建设、推进社会主义新农村建设、实现中华民族伟大复兴的中国梦具有十分重要的意义。

二、总体要求

（一）基本原则

——师德为先，以德化人。着力提升乡村教师思想政治素质和职业道德水平，引导乡村教师带头践行社会主义核心价值观，加强乡村教师对中国特色社会主义的思想认同、理论认同和情感认同。重视发挥乡村教师以德化人、言传身教的作用，教育学生热爱祖国、热爱人民、热爱中国共产党，形成正确的世界观、人生观、价值观，确保乡村教育正确导向。

——规模适当，结构合理。合理规划乡村教师队伍规模，集中人财物资源，制定实施优惠倾斜政策，加大工作支持力度，加强乡村地区优质教师资源配置，有效解决乡村教师短缺问题，优化乡村教师队伍结构。

——提升质量，提高待遇。立足国情，聚焦乡村教师队伍建设最关键领域、最紧迫任务，打出组合拳，多措并举，定向施策，精准发力，标本兼治，加强培养补充，提升专业素质，提高地位待遇，不断改善乡村教师的工作生活条件。

——改革机制，激发活力。坚持问题导向，深化体制机制改革，拓宽乡村教师来源，鼓励有志青年投身乡村教育事业，畅通高校毕业生、城镇教师到乡村学校任教的通道，逐步形成"越往基层、越是艰苦，地位待遇越高"的激励机制，以及充满活力的乡村教师使用机制。通过实施乡村教师支持计划，带动建立相关制度，形成可持续发展的长效机制。

（二）工作目标

到2017年，力争使乡村学校优质教师来源得到多渠道扩充，乡村教师资源配置得到改善，教育教学能力水平稳步提升，各方面合理待遇依法得到较好保障，职业吸引力明显增强，逐步形成"下得去、留得住、教得好"的局面。到2020年，努力造就一支素质优良、甘于奉献、扎根乡村的教师队伍，为基本实现教育现代化提供坚强有力的师资保障。

三、主要举措

（一）全面提高乡村教师思想政治素质和师德水平

坚持不懈地用中国特色社会主义理论体系武装乡村教师头脑，进一步建立健全乡村教师政治理论学习制度，增强思想政治工作的针对性和实效性，不断提高教师的理论素养和思想政治素质。切实加强乡村教师队伍党建工作，基层党组织要充分发挥政治核心作用，进一步关心教育乡村教师，适度加大发展党员力度。开展多种形式的师德教育，把教师职业理想、职业道德、法治教育、心理健康教育等融入职前培养、准入、职后培训和管理的全过程。落实教育、宣传、考核、监督与奖惩相结合的师德建设长效机制。

（二）拓展乡村教师补充渠道

鼓励省级人民政府建立统筹规划、统一选拔的乡村教师补充机制，为乡村学校持续输送大批优秀高校毕业生。扩大农村教师特岗计划实施规模，重点支持中西部老少边穷岛等贫困地区补充乡村教师，适时提高特岗教师工资性补助标准。鼓励地方政府和师范院校根据当地乡村教育实际需求加强本土化培养，采取多种方式定向培

养 "一专多能" 的乡村教师。高校毕业生取得教师资格并到乡村学校任教一定期限，按有关规定享受学费补偿和国家助学贷款代偿政策。各地要采取有效措施鼓励城镇退休的特级教师、高级教师到乡村学校支教讲学，中央财政比照边远贫困地区、边疆民族地区和革命老区人才支持计划教师专项计划给予适当支持。

（三）提高乡村教师生活待遇

全面落实集中连片特困地区乡村教师生活补助政策，依据学校艰苦边远程度实行差别化的补助标准，中央财政继续给予综合奖补。各地要依法依规落实乡村教师工资待遇政策，依法为教师缴纳住房公积金和各项社会保险费。在现行制度架构内，做好乡村教师重大疾病救助工作。加快实施边远艰苦地区乡村学校教师周转宿舍建设。各地要按规定将符合条件的乡村教师住房纳入当地住房保障范围，统筹予以解决。

（四）统一城乡教职工编制标准

乡村中小学教职工编制按照城市标准统一核定，其中村小学、教学点编制按照生师比和班师比相结合的方式核定。县级教育部门在核定的编制总额内，按照班额、生源等情况统筹分配各校教职工编制，并报同级机构编制部门和财政部门备案。通过调剂编制、加强人员配备等方式进一步向人口稀少的教学点、村小学倾斜，重点解决教师全覆盖问题，确保乡村学校开足开齐国家规定课程。严禁在有合格教师来源的情况下 "有编不补"、长期使用临聘人员，严禁任何部门和单位以任何理由、任何形式占用或变相占用乡村中小学教职工编制。

（五）职称（职务）评聘向乡村学校倾斜

各地要研究完善乡村教师职称（职务）评聘条件和程序办法，实现县域内城乡学校教师岗位结构比例总体平衡，切实向乡村教师倾斜。乡村教师评聘职称（职务）时不作外语成绩（外语教师除外）、发表论文的刚性要求，坚持育人为本、德育为先，注重师德素养，注重教育教学工作业绩，注重教育教学方法，注重教育教学一线实践经历。城市中小学教师晋升高级教师职称（职务），应有在乡村学校或薄弱学校任教一年以上的经历。

（六）推动城镇优秀教师向乡村学校流动

全面推进义务教育教师队伍"县管校聘"管理体制改革，为组织城市教师到乡村学校任教提供制度保障。各地要采取定期交流、跨校竞聘、学区一体化管理、学校联盟、对口支援、乡镇中心学校教师走教等多种途径和方式，重点引导优秀校长和骨干教师向乡村学校流动。县域内重点推动县城学校教师到乡村学校交流轮岗，乡镇范围内重点推动中心学校教师到村小学、教学点交流轮岗。采取有效措施，保持乡村优秀教师相对稳定。

（七）全面提升乡村教师能力素质

到 2020 年前，对全体乡村教师校长进行 360 学时的培训。要把乡村教师培训纳入基本公共服务体系，保障经费投入，确保乡村教师培训时间和质量。省级人民政府要统筹规划和支持全员培训，市、县级人民政府要切实履行实施主体责任。整合高等学校、县级教师发展中心和中小学校优质资源，建立乡村教师校长专业发展支持服务体系。将师德教育作为乡村教师培训的首要内容，推动师德教育进教材、进课堂、进头脑，贯穿培训全过程。全面提升乡村教师信息技术应用能力，积极利用远程教学、数字化课程等信息技术手段，破解乡村优质教学资源不足的难题，同时建立支持学校、教师使用相关设备的激励机制并提供必要的保障经费。加强乡村学校音体美等师资紧缺学科教师和民族地区双语教师培训。按照乡村教师的实际需求改进培训方式，采取顶岗置换、网络研修、送教下乡、专家指导、校本研修等多种形式，增强培训的针对性和实效性。从 2015 年起，"国培计划"集中支持中西部地区乡村教师校长培训。鼓励乡村教师在职学习深造，提高学历层次。

（八）建立乡村教师荣誉制度

国家对在乡村学校从教 30 年以上的教师按照有关规定颁发荣

誉证书。省（区、市）、县（市、区、旗）要分别对在乡村学校从教 20 年以上、10 年以上的教师给予鼓励。各省级人民政府可按照国家有关规定对在乡村学校长期从教的教师予以表彰。鼓励和引导社会力量建立专项基金，对长期在乡村学校任教的优秀教师给予物质奖励。在评选表彰教育系统先进集体和先进个人等方面要向乡村教师倾斜。广泛宣传乡村教师坚守岗位、默默奉献的崇高精神，在全社会大力营造关心支持乡村教师和乡村教育的浓厚氛围。

四、组织实施

（一）明确责任主体

地方各级人民政府是实施乡村教师支持计划的责任主体。要加强组织领导，把实施工作列入重要议事日程，实行一把手负责制，细化任务分工，分解责任，推进各部门密切配合、形成合力，切实将计划落到实处。要将实施乡村教师支持计划情况纳入地方政府工作考核指标体系，加强考核和监督。教育行政部门要加强对乡村教师队伍建设的统筹管理、规划和指导。发展改革、财政、编制、人力资源社会保障部门要按照职责分工主动履职，切实承担责任。要着力改革体制，鼓励和引导社会力量参与支持乡村教师队伍建设。对在乡村教师队伍建设工作方面改革创新、积极推进、成绩突出的基层教育部门，有关部门要加强总结、及时推广经验做法并按照国家有关规定予以表彰。

（二）加强经费保障

中央财政通过相关政策和资金渠道，重点支持中西部乡村教师队伍建设。地方各级人民政府要积极调整财政支出结构，加大投入力度，大力支持乡村教师队伍建设。要把资金和投入用在乡村教师队伍建设最薄弱、最迫切需要的领域，切实用好每一笔经费，提高资金使用效益，促进教育资源均衡配置。要制定严格的经费监管制度，规范经费使用，加强经费管理，强化监督检查，坚决杜绝截留、克扣、虚报、冒领等违法违规行为的发生。

（三）开展督导检查

地方各级人民政府教育督导机构要会同有关部门，每年对乡村教师支持计划实施情况进行专项督导，及时通报督导情况并适时公布。国家有关部门要组织开展对乡村教师支持计划实施情况的专项督导检查。对实施不到位、成效不明显的，要追究相关负责人的领导责任。

省、市、县、乡各级人民政府要制订实施办法，把准支持重点，因地制宜提出符合乡村教育实际的支持政策和有效措施，将本计划的要求进一步明确化、具体化。请各省（区、市）于 2015 年底前，将本省（区、市）的实施办法报教育部备案，同时向社会公布，接受社会监督。

关于加强幼儿园教师队伍建设的意见

教师〔2012〕11 号

各省、自治区、直辖市教育厅（教委）、编办、财政厅（局）、人力资源社会保障厅（局），新疆生产建设兵团教育局、编办、财务局、人事局、劳动和社会保障局：

幼儿园教师承担着保育和教育的双重职能，关系到亿万儿童的健康成长，关系到学前教育事业的健康发展。为贯彻落实《国家中长期教育改革和发展规划纲要（2010—2020 年）》《国务院关于当前发展学前教育的若干意见》（国发〔2010〕41 号）和《国务院关于加强教师队伍建设的意见》（国发〔2012〕41 号），大力加强幼儿园教师队伍建设，现提出以下意见：

一、明确幼儿园教师队伍建设的目标

各地要按照构建覆盖城乡、布局合理的学前教育公共服务体系的要求，结合本地实际，科学确定幼儿园教师队伍建设的目标。到2015 年，幼儿园教师数量基本满足办园需要，专任教师达到国家学历标准要求，取得职务（职称）的教师比例明显提高。到 2020 年，形成一支热爱儿童、师德高尚、业务精良、结构合理的幼儿园教师队伍。

二、补足配齐幼儿园教师

国家出台幼儿园教师配备标准，满足正常教育教学需求。各地结合实际合理确定公办幼儿园教职工编制，具备条件的省（区、市）可制定公办幼儿园教职工编制标准，严禁挤占、挪用幼儿园教职工编制。企事业单位办、集体办、民办幼儿园按照配备标准，配足配齐教师。采用派驻公办教师等方式对企事业单位办、集体办幼儿园和普惠性民办幼儿园进行扶持。

各地根据学前教育事业发展和幼儿园实际工作需要，建立幼儿园教师长效补充机制。公办幼儿园教师实行公开招聘制度。加强对各类幼儿园教职工配备情况的动态监管，把教职工资质及流动情况作为幼儿园保教质量评估监测的重要内容。启动实施支持中西部农村边远地区开展学前教育巡回支教试点工作，吸引优秀人才到农村边远贫困地区幼儿园任教。

三、完善幼儿园教师资格制度

全面实施幼儿园教师资格考试制度，印发幼儿园教师资格考试标准，深化教师资格考试内容改革。幼儿园教师须取得相应教师资格证书。具有其他学段教师资格证书的教师到幼儿园工作，应在上岗前接受教育部门组织的学前教育专业培训。

四、建立幼儿园园长任职资格制度

国家制订幼儿园园长专业标准和任职资格标准，提高园长专业化水平。省级教育行政部门制定幼儿园园长任职资格制度实施办法。教育部门办幼儿园园长由县级及以上教育行政部门聘任。企事业单位办、集体办、民办幼儿园园长由举办者按国家和地方相关规定聘任，报当地教育行政部门审核。

五、完善幼儿园教师职务（职称）评聘制度

合理确定幼儿园教师岗位结构比例。完善符合幼儿园教师工作特点的评价标准，重点突出幼儿园教师的师德、工作业绩和保教能力。结合事业发展和人才发展规划，合理确定幼儿园高级、中级、初级岗位之间的结构比例。对长期在农村基层和艰苦边远地区工作的幼儿园教师，在职务（职称）方面实行倾斜政策。确保民办和公办幼儿园教师公平参与职务（职称）评聘。

六、提高幼儿园教师培养培训质量

全面落实幼儿园教师专业标准，提高教师专业化水平。办好中等幼儿师范学校。重点建设一批幼儿师范高等专科学校。办好高等师范院校学前教育专业。依托高等师范院校重点建设一批幼儿园教师培养培训基地。积极探索初中毕业起点 5 年制学前教育专科学历教师培养模式。实行幼儿园教师 5 年一周期不少于 360 学时的全员培训制度，培训经费纳入同级财政预算。幼儿园按照年度公用经费总额的 5%安排教师培训经费。扩大实施幼儿园教师国家级培训计划。加大面向农村的幼儿园教师培养培训力度。

七、建立幼儿园教师待遇保障机制

公办幼儿园教师执行统一的岗位绩效工资制度，享受规定的工资倾斜政策，企事业单位办、集体办、民办幼儿园教师工资和社会保险由举办者依法保障。幼儿园教师按国家有关规定参加社会保险并依法享受社会保险待遇。对长期在农村基层和艰苦边远地区工作的幼儿园教师，实行工资倾斜政策。鼓励地方政府将符合条件的农村幼儿园教师住房纳入保障性安居工程统筹予以解决，改善农村幼儿园教师工作和生活条件。

八、确保各项政策措施落实到位

地方各级教育、编制、财政、人力资源社会保障等有关部门要充分认识加强幼儿园教师队伍建设的重要性和紧迫性，健全工作机制，加强统筹协调，建立督促检查、考核奖惩和问责机制，确保加强幼儿园教师队伍建设的各项措施落到实处、取得实效。

教育部　中央编办　财政部

人力资源社会保障部

2012 年 9 月 20 日

教师和教育工作者奖励规定

教人〔1998〕1号

（1998 年 1 月 8 日教育部发布）

第一条 为了鼓励我国广大教师和教育工作者长期从事教育事业，奖励在教育事业中作出突出贡献的教师和教育工作者，依据《中华人民共和国教师法》，制定本规定。

第二条 国务院教育行政部门对长期从事教育教学、科学研究和管理、服务工作并取得显著成绩的教师和教育工作者，分别授予"全国优秀教师"和"全国优秀教育工作者"荣誉称号，颁发相应的奖章和证书；对其中作出突出贡献者，由国务院教育行政部门会同国务院人事部门授予"

全国模范教师"和"全国教育系统先进工作者"荣誉称号，颁发相应的奖章和证书。

第三条 "全国优秀教师"、"全国优秀教育工作者"的基本条件是：热爱社会主义祖国，坚持党的基本路线，忠诚人民的教育事业，模范履行职责，具有良好的职业道德，并具备下列条件之一：

（一）全面贯彻教育方针，坚持素质教育思想，热爱学生，关心学生的全面成长，教书育人，为人师表，在培养人才方面成绩显著；

（二）认真完成教育教学工作任务，在教学改革、教材建设、实验室建设、提高教育教学质量方面成绩突出；

（三）在教育教学研究、科学研究、技术推广等方面有创造性的成果，具有较大的科学价值或者显著的经济效益、社会效益；

（四）在学校管理、服务和学校建设方面有突出成绩。

第四条 奖励"全国模范教师"、"全国教育系统先进工作者"和"全国优秀教师"、"全国优秀教育工作者"，每三年进行一次，并于当年教师节期间进行表彰。

第五条 各省、自治区、直辖市教育行政部门向国务院教育行政部门推荐"全国模范教师"、"全国教育系统先进工作者"和"全国优秀教师"、"全国优秀教育工作者"的比例控制在本地区教职工总数的万分之二以内，其中"全国模范教师"、"全国教育系统先进工作者"的比例不

超过本地区教职工总数的十万分之六。解放军、武装警察部队奖励人选的推荐比例另行确定。

第六条 奖励"全国优秀教师"、"全国优秀教育工作者"的工作由国务院教育行政部门会同全国教育工会、中国中小学幼儿教师奖励基金会统一组织领导；奖励"全国模范教师"、"全国教育系统先进工作者"的工作由国务院教育行政部门会同国务院人事部门统一组织领导，负责组

织评审和批准各省、自治区、直辖市和解放军、武装警察部队推荐的相应奖励人选。

各省、自治区、直辖市教育行政部门分别会同当地教育工会、教师奖励组织和政府人事部门负责组织本地区的"全国优秀教师"、"全国优秀教育工作者"和"全国模范教师"、"全国教育系统先进工作者"人选的评审和推荐工作。

解放军总政治部负责解放军和武装警察部队奖励人选的评审和推荐工作。

第七条 "全国模范教师"、"全国教育系统先进工作者"的奖章和证书，由国务院教育行政部门会同国务院人事部门颁发；"全国优秀教师"、"全国优秀教育工作者"的奖章和证书由国务院教育行政部门颁发，或者由其委托省、自治区、直辖市人民政府、

解放军总政治部颁发，并

在评选当年的教师节举行颁奖仪式。"全国模范教师"、"全国教育系统先进工作者"的奖章和证书由国务院教育行政部门会同国务院人事部门统一制作。"全国优秀教师"、"全国优秀教育工作者"的奖章和证书由国务院教育行政部门统一制作。

第八条 教师奖励工作应坚持精神奖励与物质奖励相结合的原则。"全国模范教师"、"全国教育系统先进工作者"和"全国优秀教师"、"全国优秀教育工作者"享受由国务院教育行政部门会同中国中小学幼儿教师奖励基金会颁发的一次性奖金。其中，"全国模范教师"、"全国教

育系统先进工作者"按照人事部人核培发〔1994〕4 号文件规定，享受省（部）级劳动模范和先进工作者待遇。尚未实行职务工资制度的民办教师，获得"全国模范教师"、"全国教育系统先进工作者"荣誉称号时，奖励晋升工资的具体办法由各省、自治区、直辖市制定。

第九条 "全国模范教师"、"全国教育系统先进工作者"和"全国优秀教师"、"全国优秀教育工作者"称号获得者的事迹和获奖情况，应记入本人档案，并作为考核、聘任、职务和工资晋升的重要依据。

第十条 "全国模范教师"、"全国教育系统先进工作者"或者"全国优秀教师"、"全国优秀教育工作者"荣誉称号获得者有下列情形之一的，由所在省、自治区、直辖市教育行政部门，解放军总政治部报请相应的授予机关批准，撤销其称号，并取消相应待遇：

（一）在表彰奖励活动中弄虚作假、骗取荣誉称号的；

（二）已丧失"全国模范教师"、"全国教育系统先进工作者"或者"全国优秀教师"、"全国优秀教育工作者"荣誉称号条件的。

第十一条 本规定适用于《教师法》适用范围的各级各类学校

及其他教育机构中的教师和教育工作者。

  第十二条 各省、自治区、直辖市和国务院有关部门、解放军总政治部可参照本规定，结合实际情况，奖励所属学校和其他教育机构的优秀教师和教育工作者。其具体办法由各省、自治区、直辖市和国务院有关部门、解放军总政治部自行制定。

  第十三条 本规定由国务院教育行政部门负责解释。

  第十四条 本规定自发布之日起施行。《教师和教育工作者奖励暂行规定》同时废止。

普通高等学校学生管理规定

中华人民共和国教育部令

第 21 号

《普通高等学校学生管理规定》已于 2005 年 2 月 4 日经部长办公会议讨论通过，现予发布，自 2005 年 9 月 1 日起施行。

教育部部长

二〇〇五年三月

第一章 总 则

第一条 为维护普通高等学校正常的教育教学秩序和生活秩序，保障学生身心健康，促进学生德、智、体、美全面发展，依据教育法、高等教育法以及其他有关法律、法规，制定本规定。

第二条 本规定适用于普通高等学校、承担研究生教育任务的科学研究机构（以下称高等学校或学校）对接受普通高等学历教育的研究生和本科、专科（高职）学生的管理。

第三条 高等学校要以培养人才为中心，按照国家教育方针，遵循教育规律，不断提高教育质量；要依法治校，从严管理，健全和完善管理制度，规范管理行为；要将管理与加强教育相结合，不断提高管理水平，努力培养社会主义合格建设者和可靠接班人。

第四条 高等学校学生应当努力学习马克思列宁主义、毛泽东思想、邓小平理论和"三个代表"重要思想，确立在中国共产党领导下走中国特色社会主义道路、实现中华民族伟大复兴的共同理想和坚定信念；应当树立爱国主义思想，具有团结统一、爱好和平、勤劳勇敢、自强不息的精神；应当遵守宪法、法律、法规，遵守公民道德规范，遵守《高等学校学生行为准则》，遵守学校管理制度，具有良好的道德品质和行为习惯；应当刻苦学习，勇于探索，积极实践，努力掌握现代科学文化知识和专业技能；应当积极锻炼身体，具有健康体魄。

第二章　学生的权利与义务

第五条 学生在校期间依法享有下列权利：

（一）参加学校教育教学计划安排的各项活动，使用学校提供的教育教学资源；

（二）参加社会服务、勤工助学，在校内组织、参加学生团体及文娱体育等活动；

（三）申请奖学金、助学金及助学贷款；

（四）在思想品德、学业成绩等方面获得公正评价，完成学校规定学业后获得相应的学历证书、学位证书；

（五）对学校给予的处分或者处理有异议，向学校、教育行政部门提出申诉；对学校、教职员工侵犯其人身权、财产权等合法权益，提出申诉或者依法提起诉讼；

（六）法律、法规规定的其他权利。

第六条　学生在校期间依法履行下列义务：

（一）遵守宪法、法律、法规；

（二）遵守学校管理制度；

（三）努力学习，完成规定学业；

（四）按规定缴纳学费及有关费用，履行获得贷学金及助学金的相应义务；

（五）遵守学生行为规范，尊敬师长，养成良好的思想品德和行为习惯；

（六）法律、法规规定的其他义务。

第三章　学籍管理

第一节　入学与注册

第七条　按国家招生规定录取的新生，持录取通知书，按学校有关要求和规定的期限到校办理入学手续。因故不能按期入学者，应当向学校请假。未请假或者请假逾期者，除因不可抗力等正当事由以外，视为放弃入学资格。

第八条　新生入学后，学校在三个月内按照国家招生规定对其进行复查。复查合格者予以注册，取得学籍。复查不合格者，由学校区别情况，予以处理，直至取消入学资格。

凡属弄虚作假、徇私舞弊取得学籍者，一经查实，学校应当取消其学籍。情节恶劣的，应当请有关部门查究。

第九条　对患有疾病的新生，经学校指定的二级甲等以上医院（下同）诊断不宜在校学习的，可以保留入学资格一年。保留入学资格者不具有学籍。在保留入学资格期内经治疗康复，可以向学校申请入学，由学校指定医院诊断，符合体检要求，经学校复查合格后，重新办理入学手续。复查不合格或者逾期不办理入学手续者，取消入学资格。

第十条 每学期开学时，学生应当按学校规定办理注册手续。不能如期注册者，应当履行暂缓注册手续。未按学校规定缴纳学费或者其他不符合注册条件的不予注册。

家庭经济困难的学生可以申请贷款或者其他形式资助，办理有关手续后注册。

第二节 考核与成绩记载

第十一条 学生应当参加学校教育教学计划规定的课程和各种教育教学环节（以下统称课程）的考核，考核成绩记入成绩册，并归入本人档案。

第十二条 考核分为考试和考查两种。考核和成绩评定方式，以及考核不合格的课程是否重修或者补考，由学校规定。

第十三条 学生思想品德的考核、鉴定，要以《高等学校学生行为准则》为主要依据，采取个人小结，师生民主评议等形式进行。

学生体育课的成绩应当根据考勤、课内教学和课外锻炼活动的情况综合评定。

第十四条 学生学期或者学年所修课程或者应修学分数以及升级、跳级、留级、降级、重修等要求，由学校规定。

第十五条 学生可以根据学校有关规定，申请辅修其他专业或者选修其他专业课程。

学生可以根据校际间协议跨校修读课程。在他校修读的课程成绩（学分）由本校审核后予以承认。

第十六条 学生严重违反考核纪律或者作弊的，该课程考核成绩记为无效，并由学校视其违纪或者作弊情节，给予批评教育和相应的纪律处分。给予警告、严重警告、记过及留校察看处分的，经教育表现较好，在毕业前对该课程可以给予补考或者重修机会。

第十七条 学生不能按时参加教育教学计划规定的活动，应当事先请假并获得批准。未经批准而缺席者，根据学校有关规定给予批评教育，情节严重的给予纪律处分。

第三节 转专业与转学

第十八条 学生可以按学校的规定申请转专业。学生转专业由所在学校批准。

学校根据社会对人才需求情况的发展变化，经学生同意，必要时可以适当调整学生所学专业。

第十九条 学生一般应当在被录取学校完成学业。如患病或者确有特殊困难，无法继续在本校学习的，可以申请转学。

第二十条 学生有下列情形之一，不得转学：

（一）入学未满一学期的；

（二）由招生时所在地的下一批次录取学校转入上一批次学校、由低学历层次转为高学历层次的；

（三）招生时确定为定向、委托培养的；

（四）应予退学的；

（五）其他无正当理由的。

第二十一条 学生转学，经两校同意，由转出学校报所在地省级教育行政部门确认转学理由正当，可以办理转学手续；跨省转学者由转出地省级教育行政部门商转入地省级教育行政部门，按转学条件确认后办理转学手续。须转户口的由转入地省级教育行政部门将有关文件抄送转入校所在地公安部门。

第四节 休学与复学

第二十二条 学生可以分阶段完成学业。学生在校最长年限（含休学）由学校规定。

第二十三条 学生申请休学或者学校认为应当休学者，由学校批准，可以休学。休学次数和期限由学校规定。

第二十四条 学生应征参加中国人民解放军（含中国人民武装警察部队），学校应当保留其学籍至退役后一年。

第二十五条 休学学生应当办理休学手续离校，学校保留其学籍。学生休学期间，不享受在校学习学生待遇。休学学生患病，其医疗费按学校规定处理。

第二十六条 学生休学期满，应当于学期开学前向学校提出复学申请，经学校复查合格，方可复学。

第五节 退 学

第二十七条 学生有下列情形之一，应予退学：

（一）学业成绩未达到学校要求或者在学校规定年限内（含休学）未完成学业的；

（二）休学期满，在学校规定期限内未提出复学申请或者申请复学经复查不合格的；

（三）经学校指定医院诊断，患有疾病或者意外伤残无法继续在校学习的；

（四）未请假离校连续两周未参加学校规定的教学活动的；

（五）超过学校规定期限未注册而又无正当事由的；

（六）本人申请退学的。

第二十八条 对学生的退学处理，由校长会议研究决定。

对退学的学生，由学校出具退学决定书并送交本人，同时报学校所在地省级教育行政部门备案。

第二十九条 退学的本专科学生，按学校规定期限办理退学手续离校，档案、户口退回其家庭户籍所在地。

退学的研究生，按已有毕业学历和就业政策可以就业的，由学校报所在地省级毕业生就业部门办理相关手续；在学校规定期限内没有聘用单位的，档案、户口退回其家庭户籍所在地。

第三十条　学生对退学处理有异议的，参照本规定第六十一条、第六十二条、第六十三条、第六十四条办理。

第六节　毕业、结业与肄业

第三十一条　学生在学校规定年限内，修完教育教学计划规定内容，德、智、体达到毕业要求，准予毕业，由学校发给毕业证书。

第三十二条　学生在学校规定年限内，修完教育教学计划规定内容，未达到毕业要求，准予结业，由学校发给结业证书。结业后是否可以补考、重修或者补作毕业设计、论文、答辩，以及是否颁发毕业证书，由学校规定。对合格后颁发的毕业证书，毕业时间按发证日期填写。

第三十三条　符合学位授予条件者，学位授予单位应当颁发学位证书。

第三十四条　学满一学年以上退学的学生，学校应当颁发肄业证书。

第三十五条　学校应当严格按照招生时确定的办学类型和学习形式，填写、颁发学历证书、学位证书。

第三十六条　学校应当执行高等教育学历证书电子注册管理制度，每年将颁发的毕（结）业证书信息报所在地省级教育行政部门注册，并由省级教育行政部门报国务院教育行政部门备案。

第三十七条　对完成本专业学业同时辅修其他专业并达到该专业辅修要求者，由学校发给辅修专业证书。

第三十八条　对违反国家招生规定入学者，学校不得发给学历证书、学位证书；已发的学历证书、学位证书，学校应当予以追回并报教育行政部门宣布证书无效。

第三十九条　毕业、结业、肄业证书和学位证书遗失或者损坏，经本人申请，学校核实后应当出具相应的证明书。证明书与原证书具有同等效力。

第四章 校园秩序与课外活动

第四十条 学校应当维护校园正常秩序，保障学生的正常学习和生活。

第四十一条 学校应当建立和完善学生参与民主管理的组织形式，支持和保障学生依法参与学校民主管理。

第四十二条 学生应当自觉遵守公民道德规范，自觉遵守学校管理制度，创造和维护文明、整洁、优美、安全的学习和生活环境。

学生不得有酗酒、打架斗殴、赌博、吸毒，传播、复制、贩卖非法书刊和音像制品等违反治安管理规定的行为；不得参与非法传销和进行邪教、封建迷信活动；不得从事或者参与有损大学生形象、有损社会公德的活动。

第四十三条 任何组织和个人不得在学校进行宗教活动；

第四十四条 学生可以在校内组织、参加学生团体。学生成立团体，应当按学校有关规定提出书面申请，报学校批准。

学生团体应当在宪法、法律、法规和学校管理制度范围内活动，接受学校的领导和管理。

第四十五条 学校提倡并支持学生及学生团体开展有益于身心健康的学术、科技、艺术、文娱、体育等活动。

学生进行课外活动不得影响学校正常的教育教学秩序和生活秩序。

第四十六条 学校应当鼓励、支持和指导学生参加社会实践、社会服务和开展勤工助学活动，并根据实际情况给予必要帮助。

学生参加勤工助学活动应当遵守法律、法规以及学校、用工单位的管理制度，履行勤工助学活动的有关协议。

第四十七条 学生举行大型集会、游行、示威等活动，应当按法律程序和有关规定获得批准。对未获批准的，学校应当依法劝阻或者制止。

第四十八条　学生使用计算机网络，应当遵循国家和学校关于网络使用的有关规定，不得登录非法网站、传播有害信息。

第四十九条　学校应当建立健全学生住宿管理制度。学生应当遵守学校关于学生住宿管理的规定。

第五章　奖励与处分

第五十条　学校、省（自治区、直辖市）和国家有关部门应当对在德、智、体、美等方面全面发展或者在思想品德、学业成绩、科技创造、锻炼身体及社会服务等方面表现突出的学生，给予表彰和奖励。

第五十一条　对学生的表彰和奖励可以采取授予"三好学生"称号或者其他荣誉称号、颁发奖学金等多种形式，给予相应的精神鼓励或者物质奖励。

第五十二条　对有违法、违规、违纪行为的学生，学校应当给予批评教育或者纪律处分。

学校给予学生的纪律处分，应当与学生违法、违规、违纪行为的性质和过错的严重程度相适应。

第五十三条　纪律处分的种类分为：

（一）警告；

（二）严重警告；

（三）记过；

（四）留校察看；

（五）开除学籍。

第五十四条　学生有下列情形之一，学校可以给予开除学籍处分：

（一）违反宪法，反对四项基本原则、破坏安定团结、扰乱社会秩序的；

（二）触犯国家法律，构成刑事犯罪的；

（三）违反治安管理规定受到处罚，性质恶劣的；

（四）由他人代替考试、替他人参加考试、组织作弊、使用通讯设备作弊及其他作弊行为严重的；

（五）剽窃、抄袭他人研究成果，情节严重的；

（六）违反学校规定，严重影响学校教育教学秩序、生活秩序以及公共场所管理秩序，侵害其他个人、组织合法权益，造成严重后果的；

（七）屡次违反学校规定受到纪律处分，经教育不改的。

第五十五条 学校对学生的处分，应当做到程序正当、证据充分、依据明确、定性准确、处分适当。

第五十六条 学校在对学生作出处分决定之前，应当听取学生或者其代理人的陈述和申辩。

第五十七条 学校对学生作出开除学籍处分决定，应当由校长会议研究决定。

第五十八条 学校对学生作出处分，应当出具处分决定书，送交本人。开除学籍的处分决定书报学校所在地省级教育行政部门备案。

第五十九条 学校对学生作出的处分决定书应当包括处分和处分事实、理由及依据，并告知学生可以提出申诉及申诉的期限。

第六十条 学校应当成立学生申诉处理委员会，受理学生对取消入学资格、退学处理或者违规、违纪处分的申诉。

学生申诉处理委员会应当由学校负责人、职能部门负责人、教师代表、学生代表组成。

第六十一条 学生对处分决定有异议的，在接到学校处分决定书之日起5个工作日内，可以向学校学生申诉处理委员会提出书面申诉。

第六十二条 学生申诉处理委员会对学生提出的申诉进行复查，并在接到书面申诉之日起15个工作日内，作出复查结论并告知申诉人。需要改变原处分决定的，由学生申诉处理委员会提交学校重新研究决定。

第六十三条　学生对复查决定有异议的，在接到学校复查决定书之日起 15 个工作日内，可以向学校所在地省级教育行政部门提出书面申诉。

省级教育行政部门在接到学生书面申诉之日起 30 个工作日内，应当对申诉人的问题给予处理并答复。

第六十四条　从处分决定或者复查决定送交之日起，学生在申诉期内未提出申诉的，学校或者省级教育行政部门不再受理其提出的申诉。

第六十五条　被开除学籍的学生，由学校发给学习证明。学生按学校规定期限离校，档案、户口退回其家庭户籍所在地。

第六十六条　对学生的奖励、处分材料，学校应当真实完整地归入学校文书档案和本人档案。

第六章　附　则

第六十七条　对接受成人高等学历教育的学生、港澳台侨学生、留学生的管理参照本规定实施。

第六十八条　高等学校应当根据本规定制定或修改学校的学生管理规定，报主管教育行政部门备案（中央部委属校同时抄报所在地省级教育行政部门），并及时向学生公布。

省级教育行政部门根据本规定，指导、检查和督促本地区高等学校实施学生管理。

第六十九条　本规定自 2005 年 9 月 1 日起施行。原国家教育委员会发布的《普通高等学校学生管理规定》（国家教育委员会令第 7 号）、《研究生学籍管理规定》（教学〔1995〕4 号）同时废止。其他有关文件规定与本规定不一致的，以本规定为准。

附　录

高等学校校园秩序管理若干规定

国家教育委员会令
第 13 号

1990 年 9 月 18 日

第一条　为了优化育人环境，加强高等学校校园管理，维护教学、科研、生活秩序和安定团结的局面，建立有利于培养社会主义现代化建设专门人才的校园秩序，制定本规定。

第二条　本规定所称的高等学校（以下简称"学校"）是指全日制普通高等学校和成人高等学校。

本规定所称的师生员工是指学校的教师（包括外籍教师）、学生（包括外国在华留学生）、教育教学辅助人员、管理人员和工勤人员。

第三条　学校的师生员工以及其他到学校活动的人员都应当遵守本规定，维护宪法确立的根本制度和国家利益，维护学校的教学、科研秩序和生活秩序。

学校应当加强校园管理，采取措施，及时有效地预防和制止校园内的违反法律、法规、校规的活动。

第四条　学校应当尊重和维护师生员工的人身权利、政治权利、教育和受教育的权利以及法律规定的其他权利，不得限制、剥夺师生员工的权利。

第五条　进入学校的人员，必须持有本校的学生证、工作证、听课证或者学校颁发的其他进入学校的证章、证件。

未持有前款规定的证章、证件的国内人员进入学校，应当向门卫登记后进入学校。

第六条　国内新闻记者进入学校采访，必须持有记者证和采访介绍信，在通知学校有关机构后，方可进入学校采访。

外国新闻记者和港澳台新闻记者进入学校采访，必须持有学校所在省、自治区、直辖市人民政府外事机关或港澳台办的介绍信和记者证，并在进校采访前与学校外事机构联系，经许可后方可进入学校采访。

第七条　外国人、港澳台人员进入学校进行公务、业务活动，应当经过省、自治区、直辖市或者国务院有关部门同意并告知学校后，或按学术交流计划经学校主管领导研究同意后，方可进入学校。自行要求进入学校的外国人、港澳台人员，应当在学校外事机构或港澳台办批准后，方可进入学校。接受师生员工个人邀请进入学校探亲访友的外国人、港澳台人员，应当履行门卫登记手续后进入学校。

第八条　依照本规定第五条、第六条、第七条的规定进入学校的人员，应当遵守法律、法规、规章和学校的制度，不得从事与其身份不符的活动，不得危害校园治安。

对违反本规定第五条、第六条、第七条和本条前款规定的人员，师生员工有权向学校保卫机构报告，学校保卫机构可以要求其说明情况或者责令其离开学校。

第九条　学生一般不得在学生宿舍留宿校外人员，遇有特殊情况留宿校外人员，应当报请学校有关机构许可，并且进行留宿登记，留宿人离校应注销登记。不得在学生宿舍内留宿异性。

违反前款规定的，学校保卫机构可以责令留宿人离开学生宿舍。

第十条　告示、通知、启事、广告等，应当张贴在学校指定或者许可的地点。散发宣传品、印刷品应当经过学校有关机构同意。对于张贴、散发反对我国宪法确立的根本制度、损害国家利益或者侮辱诽谤他人的公开张贴物、宣传品和印刷品的当事者，由司法机关依法追究其法律责任。

第十一条 在校园设置临时或者永久建筑物以及安装音响、广播、电视设施，设置者、安装者应当报请学校有关机构审批，未经批准不得擅自设置、安装。

师生员工或者有关团体、组织使用学校的广播、电视设施，必须报请学校有关机构批准，禁止任何组织或者个人擅自使用学校广播、电视设施。

违反第一款、第二款、第三款规定的，学校有关机构可以劝其停止设置、安装或者停止活动，已经设置、安装的，学校有关机构可以拆除，或者责令设置者、安装者拆除。

第十二条 在校内举行集会、讲演等公共活动，组织者必须在七十二小时前向学校有关机构提出申请，申请中应当说明活动的目的、人数、时间、地点和负责人的姓名。学校有关机构应当最迟在举行时间的四小时前将许可或者不许可的决定通知组织者。逾期未通知的，视为许可。

集会、讲演等应符合我国的教育方针和相应的法规、规章，不得反对我国宪法确立的根本制度，不得干扰学校的教学、科研和生活秩序，不得损害国家财产和其他公民的权利。

第十三条 在校内组织讲座、报告等室内活动，组织者应当在七十二小时前向学校有关机构提出申请，申请中应当说明活动的内容、报告人和负责人的姓名。学校有关机构应当最迟在举行时间的四小时前将许可或者不许可的决定通知组织者。逾期未通知的，视为许可。

讲座、报告等不得反对我国宪法确立的根本制度，不得违反我国的教育方针，不得宣传封建迷信，不得进行宗教活动，不得干扰学校的教学、科研和生活秩序。

第十四条　师生员工应当严格按照学校的安排进行教学、科研、生活和其他活动，任何人都不得破坏学校的教学、科研和生活秩序，不得阻止他人根据学校的安排进行教学、科研、生活和其他活动。

禁止师生员工赌博、酗酒、打架斗殴以及其它干扰学校的教学、科研和生活秩序的行为。

第十五条　师生员工组织社会团体，应当按照《社会团体登记管理条例》的规定办理。成立校内非社会团体的组织，应当在成立前由其组织者报请学校有关机构批准，未经批准不得成立和开展活动。

校内非社会团体的组织和校内报刊必须遵守法律、法规、规章，贯彻我国的教育方针和遵守学校的制度，接受学校的管理，不得进行超出其宗旨的活动。

第十六条　违反本规定第十二条、第十三条、第十四条和第十五条的规定的，学校有关机构可以责令其组织者以及其他当事人立即停止活动。违反本规定第十二条第二款的规定，损害国家财产的，学校有关机构可以责令其赔偿损失。

第十七条　禁止无照人员在校园内经商。设在校园内的商业网点必须在指定地点经营。违反前款规定的，学校有关机构可以责令其停止经商活动或者离开校园。

第十八条　对违反本规定，经过劝告、制止仍不改正的师生员工，学校可视情节给予行政处分或者纪律处分；属于违反治安管理行为的，由公安机关依法处理；情节严重构成犯罪的，由司法机关处理。

师生员工对学校的处分不服的，可以向有关教育行政部门提出申诉，教育行政部门应当在接到申诉的三十日内作出处理决定。

对违反本规定，经劝告、制止仍不改正的校外人员，由公安、司法机关根据情节依法处理。

第十九条　各高等学校可以根据本规定制定具体管理制度。

第二十条　本规定自发布之日起施行。

高等学校档案管理办法

中华人民共和国教育部、国家档案局令

第 27 号

根据档案法和有关规定，教育部和国家档案局制定了《高等学校档案管理办法》，现予公布，自 2008 年 9 月 1 日起施行。

教育部部长
国家档案局局长
二〇〇八年八月二十日

第一章 总 则

第一条 为规范高等学校档案工作，提高档案管理水平，有效保护和利用档案，根据《中华人民共和国档案法》及其实施办法，制定本办法。

第二条 本办法所称的高等学校档案（以下简称高校档案），是指高等学校从事招生、教学、科研、管理等活动直接形成的对学生、学校和社会有保存价值的各种文字、图表、声像等不同形式、载体的历史记录。

第三条 高校档案工作是高等学校重要的基础性工作，学校应当加强管理，将之纳入学校整体发展规划。

第四条 国务院教育行政部门主管全国高校档案工作。省、自治区、直辖市人民政府教育行政部门主管本行政区域内高校档案工作。

国家档案行政部门和省、自治区、直辖市人民政府档案行政部门在职责范围内负责对高校档案工作的业务指导、监督和检查。

第五条　高校档案工作由高等学校校长领导，其主要职责是：

（一）贯彻执行国家关于档案管理的法律法规和方针政策，批准学校档案工作规章制度；

（二）将档案工作纳入学校整体发展规划，促进档案信息化建设与学校其他工作同步发展；

（三）建立健全与办学规模相适应的高校档案机构，落实人员编制、档案库房、发展档案事业所需设备以及经费；

（四）研究决定高校档案工作中的重要奖惩和其他重大问题。

分管档案工作的校领导协助校长负责档案工作。

第二章　机构设置与人员配备

第六条　高校档案机构包括档案馆和综合档案室。

具备下列条件之一的高等学校应当设立档案馆：

（一）建校历史在 50 年以上；

（二）全日制在校生规模在 1 万人以上；

（三）已集中保管的档案、资料在 3 万卷（长度 300 延长米）以上。

未设立档案馆的高等学校应当设立综合档案室。

第七条　高校档案机构是保存和提供利用学校档案的专门机构，应当具备符合要求的档案库房和管理设施。

需要特殊条件保管或者利用频繁且具有一定独立性的档案，可以根据实际需要设立分室单独保管。分室是高校档案机构的分支机构。

第八条　高校档案机构的管理职责是：

（一）贯彻执行国家有关档案工作的法律法规和方针政策，综合规划学校档案工作；

（二）拟订学校档案工作规章制度，并负责贯彻落实；

（三）负责接收（征集）、整理、鉴定、统计、保管学校的各类档案及有关资料；

（四）编制检索工具，编研、出版档案史料，开发档案信息资源；

（五）组织实施档案信息化建设和电子文件归档工作；

（六）开展档案的开放和利用工作；

（七）开展学校档案工作人员的业务培训；

（八）利用档案开展多种形式的宣传教育活动，充分发挥档案的文化教育功能；

（九）开展国内外档案学术研究和交流活动。

有条件的高校档案机构，可以申请创设爱国主义教育基地。

第九条 高校档案馆设馆长一名，根据需要可以设副馆长一至二名。综合档案室设主任一名，根据需要可以设副主任一至二名。

馆长、副馆长和综合档案室主任（馆长和综合档案室主任，以下简称为高校档案机构负责人），应当具备以下条件：

（一）热心档案事业，具有高级以上专业技术职务任职经历；

（二）有组织管理能力，具有开拓创新意识和精神；

（三）年富力强，身体健康。

第十条 高等学校应当为高校档案机构配备专职档案工作人员。

高校专职档案工作人员列入学校事业编制。其编制人数由学校根据本校档案机构的档案数量和工作任务确定。

第十一条 高校档案工作人员应当遵纪守法，爱岗敬业，忠于职守，具备档案业务知识和相应的科学文化知识以及现代化管理技能。

第十二条 高校档案机构中的专职档案工作人员，实行专业技术职务聘任制或者职员职级制，享受学校教学、科研和管理人员同等待遇。

第十三条 高等学校对长期接触有毒有害物质的档案工作人员，应当按照法律法规的有关规定采取有效的防护措施防止职业中毒事故的发生，保障其依法享有工伤社会保险待遇以及其他有关待遇，并可以按照有关规定予以补助。

第三章　档案管理

第十四条　高等学校应当建立、健全档案工作的检查、考核与评估制度，定期布置、检查、总结、验收档案工作，明确岗位职责，强化责任意识，提高学校档案管理水平。

第十五条　高等学校应当对纸质档案材料和电子档案材料同步归档。文件材料的归档范围是：

（一）党群类：主要包括高等学校党委、工会、团委、民主党派等组织的各种会议文件、会议记录及纪要；各党群部门的工作计划、总结；上级机关与学校关于党群管理的文件材料。

（二）行政类：主要包括高等学校行政工作的各种会议文件、会议纪录及纪要；上级机关与学校关于人事管理、行政管理的材料。

（三）学生类：主要包括高等学校培养的学历教育学生的高中档案、入学登记表、体检表、学籍档案、奖惩记录、党团组织档案、毕业生登记表等。

（四）教学类：主要包括反映教学管理、教学实践和教学研究等活动的文件材料。按原国家教委、国家档案局发布的《高等学校教学文件材料归档范围》（（87）教办字016号）的相关规定执行。

（五）科研类：按原国家科委、国家档案局发布的《科学技术研究档案管理暂行规定》（国档发〔1987〕6号）执行。

（六）基本建设类：按国家档案局、原国家计委发布的《基本建设项目档案资料管理暂行规定》（国档发〔1988〕4号）执行。

（七）仪器设备类：主要包括各种国产和国外引进的精密、贵重、稀缺仪器设备（价值在10万元以上）的全套随机技术文件以及在接收、使用、维修和改进工作中产生的文件材料。

（八）产品生产类：主要包括高等学校在产学研过程中形成的

文件材料、样品或者样品照片、录像等。

（九）出版物类：主要包括高等学校自行编辑出版的学报、其他学术刊物及本校出版社出版物的审稿单、原稿、样书及出版发行记录等。

（十）外事类：主要包括学校派遣有关人员出席国际会议、出国考察、讲学、合作研究、学习进修的材料；学校聘请的境外专家、教师在教学、科研等活动中形成的材料；学校开展校际交流、中外合作办学、境外办学及管理外国或者港澳台地区专家、教师、国际学生、港澳台学生等的材料；学校授予境外人士名誉职务、学位、称号等的材料。

（十一）财会类：按财政部、国家档案局发布的《会计档案管理办法》（财会字〔1998〕32 号）执行。

高等学校可以根据学校实际情况确定归档范围。归档的档案材料包括纸质、电子、照（胶）片、录像（录音）带等各种载体形式。

第十六条　高等学校实行档案材料形成单位、课题组立卷的归档制度。

学校各部门负责档案工作的人员应当按照归档要求，组织本部门的教学、科研和管理等人员及时整理档案和立卷。立卷人应当按照纸质文件材料和电子文件材料的自然形成规律，对文件材料系统整理组卷，编制页号或者件号，制作卷内目录，交本部门负责档案工作的人员检查合格后向高校档案机构移交。

第十七条　归档的档案材料应当质地优良，书绘工整，声像清晰，符合有关规范和标准的要求。电子文件的归档要求按照国家档案局发布的《电子公文归档管理暂行办法》以及《电子文件归档与管理规范》（GB/T 18894—2002）执行。

第十八条　高校档案材料归档时间为：

（一）学校各部门应当在次学年 6 月底前归档；

（二）各院系等应当在次学年寒假前归档；

（三）科研类档案应当在项目完成后两个月内归档，基建类档案应当在项目完成后三个月内归档。

第十九条 高校档案机构应当对档案进行整理、分类、鉴定和编号。

第二十条 高校档案机构应当按照国家档案局《机关文件材料归档范围和文书档案保管期限规定》，确定档案材料的保管期限。对保管期限已满、已失去保存价值的档案，经有关部门鉴定并登记造册报校长批准后，予以销毁。未经鉴定和批准，不得销毁任何档案。

第二十一条 高校档案机构应当采用先进的档案保护技术，防止档案的破损、褪色、霉变和散失。对已经破损或者字迹褪色的档案，应当及时修复或者复制。对重要档案和破损、褪色修复的档案应当及时数字化，加工成电子档案保管。

第二十二条 高校档案由高校档案机构保管。在国家需要时，高等学校应当提供所需的档案原件或者复制件。

第二十三条 高等学校与其他单位分工协作完成的项目，高校档案机构应当至少保存一整套档案。协作单位除保存与自己承担任务有关的档案正本以外，应当将复制件送交高校档案机构保存。

第二十四条 高等学校中的个人对其从事教学、科研、管理等职务活动所形成的各种载体形式的档案材料，应当按照规定及时归档，任何个人不得据为己有。

对于个人在其非职务活动中形成的重要档案材料，高校档案机构可以通过征集、代管等形式进行管理。

高校档案机构对于与学校有关的各种档案史料的征集，应当制定专门的制度和办法。

第二十五条 高校档案机构应当对所存档案和资料的保管情况定期检查，消除安全隐患，遇有特殊情况，应当立即向校长报告，及时处理。

档案库房的技术管理工作，应当建立、健全有关规章制度，由专人负责。

第二十六条 高校档案机构应当认真执行档案统计年报制度，并按照国家有关规定报送档案工作基本情况统计报表。

第四章 档案的利用与公布

第二十七条 高校档案机构应当按照国家有关规定公布档案。未经高等学校授权，其他任何组织或者个人无权公布学校档案。

属下列情况之一者，不对外公布：

（一）涉及国家秘密的；

（二）涉及专利或者技术秘密的；

（三）涉及个人隐私的；

（四）档案形成单位规定限制利用的。

第二十八条 凡持有合法证明的单位或者持有合法身份证明的个人，在表明利用档案的目的和范围并履行相关登记手续后，均可以利用已公布的档案。

境外组织或者个人利用档案的，按照国家有关规定办理。

第二十九条 查阅、摘录、复制未开放的档案，应当经档案机构负责人批准。涉及未公开的技术问题，应当经档案形成单位或者本人同意，必要时报请校长审查批准。需要利用的档案涉及重大问题或者国家秘密，应当经学校保密工作部门批准。

第三十条 高校档案机构提供利用的重要、珍贵档案，一般不提供原件。如有特殊需要，应当经档案机构负责人批准。

加盖高校档案机构公章的档案复制件，与原件具有同等效力。

第三十一条 高校档案开放应当设立专门的阅览室，并编制必要的检索工具（著录标准按《档案著录规则》（DA/T18—1999）执行），提供开放档案目录、全宗指南、档案馆指南、计算机查询系统等，为社会利用档案创造便利条件。

第三十二条　高校档案机构是学校出具档案证明的唯一机构。

高校档案机构应当为社会利用档案创造便利条件，用于公益目的的，不得收取费用；用于个人或者商业目的的，可以按照有关规定合理收取费用。

社会组织和个人利用其所移交、捐赠的档案，高校档案机构应当无偿和优先提供。

第三十三条　寄存在高校档案机构的档案，归寄存者所有。高校档案机构如果需要向社会提供利用，应当征得寄存者同意。

第三十四条　高校档案机构应当积极开展档案的编研工作。出版档案史料和公布档案，应当经档案形成单位同意，并报请校长批准。

第三十五条　高校档案机构应当采取多种形式（如举办档案展览、陈列、建设档案网站等），积极开展档案宣传工作。有条件的高校，应当在相关专业的高年级开设有关档案管理的选修课。

第五章　条件保障

第三十六条　高等学校应当将高校档案工作所需经费列入学校预算，保证档案工作的需求。

第三十七条　高等学校应当为档案机构提供专用的、符合档案管理要求的档案库房，对不适应档案事业发展需要或者不符合档案保管要求的馆库，按照《档案馆建设标准》（建标103—2008）的要求及时进行改扩建或者新建。

存放涉密档案应当设有专门库房。

存放声像、电子等特殊载体档案，应当配置恒温、恒湿、防火、防渍、防有害生物等必要设施。

第三十八条　高等学校应当设立专项经费，为档案机构配置档案管理现代化、档案信息化所需的设备设施，加快数字档案馆（室）建设，保障档案信息化建设与学校数字化校园建设同步进行。

第六章　奖励与处罚

第三十九条　高等学校对在档案工作中做出下列贡献的单位或者个人，给予表彰与奖励：

（一）在档案的收集、整理、提供利用工作中做出显著成绩的；

（二）在档案的保护和现代化管理工作中做出显著成绩的；

（三）在档案学研究及档案史料研究工作中做出重要贡献的；

（四）将重要的或者珍贵的档案捐赠给高校档案机构的；

（五）同违反档案法律法规的行为作斗争，表现突出的。

第四十条　有下列行为之一的，高等学校应当对直接负责的主管人员和其他直接责任人员依法给予处分；构成犯罪的，由司法机关依法追究刑事责任。

（一）玩忽职守，造成档案损坏、丢失或者擅自销毁档案的；

（二）违反保密规定，擅自提供、抄录、公布档案的；

（三）涂改、伪造档案的；

（四）擅自出卖、赠送、交换档案的；

（五）不按规定归档，拒绝归档或者将档案据为己有的；

（六）其他违反档案法律法规的行为。

第七章　附　则

第四十一条　本办法适用于各类普通高等学校、成人高等学校。

第四十二条　高等学校可以根据本办法制订实施细则。

高等学校附属单位（包括附属医院、校办企业等）的档案管理，由学校根据实际情况自主确定。

第四十三条　本办法自 2008 年 9 月 1 日起施行。国家教育委员会 1989 年 10 月 10 日发布的《普通高等学校档案管理办法》（国家教育委员会令第 6 号）同时废止。

普通高等学校招生管理处罚暂行规定

〔1988〕教字006号

(1988年5月12日教育部发布)

第一章 总 则

第一条 为了保证国家招生法规、规章的贯彻实施,保障考生和招生工作人员的合法权益,特制定本规定。

第二条 报考普通高等学校的考生(以下简称考生)、从事和参与普通高等学校招生工作的人员(以下统称招生工作人员)及其他人员,必须遵守国家教育委员会和地方招生委员会发布的有关普通高等学校招生管理的规章。对于违反者,除另有规定外,均依照本规定予以处罚。

第三条 本规定适用于全国普通高等学校的招生管理。

第二章 处罚种类

第四条 违反普通高等学校招生管理行为尚不够治安管理处罚、刑事处罚的,分别给予以下两类处罚:

(一)招生纪律处罚分为:通报批评、扣分、取消当年报名资格、取消考试资格、取消被录取资格、取消入学资格、一至三年不准报考、取消招生工作人员资格、考试无效、取消下一年举办统一考试的资格。

(二)行政处分分为:警告、记过、记大过、降级、降职、撤职、开除留用察看、开除。

第三章　违反招生管理的行为和处罚

第五条　考生有下列行为之一的，视为考试违纪。扣除该科分数：

（一）考试时在考室内吸烟、交谈、喧哗，或者其他影响考室秩序的；

（二）在答卷规定以外的地方写姓名、考号或者故意作其他标记的；

（三）考试终了信号发出后继续答卷的。

第六条　用规定以外的笔答卷的，扣除所答部分的分数。

第七条　考生有两科以上犯第五条和第六条所列行为的，取消当年考试资格。

第八条　有下列行为之一的，视为考试舞弊。取消该次考试所有科目分数。并视情节轻重，分别给予通报批评、取消报名资格、考试资格、被录取资格，或者取消入学资格的处罚。情节严重的，同时给予1至3年之内不准再次报考的处罚；对在职考生，还要通报其所在单位给予行政处分：

（一）假报姓名、年龄、学历、工龄、民族、户籍、学籍；伪造证件；或者采取其他手段骗取报名资格的；

（二）故意隐瞒本人和直系亲属及主要社会关系等重大问题的；

（三）在考试中，夹带、接传答案、交换答卷、替考、找人替考、抄袭他人答案、或者将自己的答案让他人抄袭（包括雷同卷），以及带走试卷的；

（四）在体检中，故意隐瞒招生体检标准规定为不合格的既往病史、代检、找人代检，或者采取其他手段舞弊的；

（五）采取不正当手段，涂改、偷换本人或者其他考生档案材料的；

（六）有其他舞弊行为的。

第九条　他人有违反招生管理的行为使考生受益的，参照第八条的规定给考生相应处罚。

第十条 招生工作人员有下列行为之一时，视情节轻重，分别给予通报批评或取消招生工作人员资格的处罚，情节严重的，还应给予降级以下的行政处分：

（一）在组建考生档案中，故意隐瞒考生真实情况的；

（二）在评卷中错评、漏评、积分差误较多，经指出又坚持不改的；丢失、损坏考生试卷或有其他违反评卷工作规定，造成不良后果的；

（三）在录取过程中，私自查询、泄漏录取工作情况，不按规定投递、传送考生档案材料，点名录取或擅自在规定以外的地方进行录取的；

（四）工作失职或者有其他违反招生工作规定的行为，致使招生工作受到影响的。

第十一条 有下列行为之一时在职人员，给予记大过以上的行政处分。是招生工作人员的，还要取消招生工作人员资格：

（一）为考生出具假证明或者伪造考生档案材料的；

（二）偷换涂改考生试卷、考试成绩或者政治思想品德考核表、身体健康状况检查表、升学志愿表以及其他档案材料的；

（三）指使、纵容或伙同他人舞弊的；

（四）在评卷中，擅自更改评分标准的；

（五）诬陷、打击、报复考生的；

（六）向招生工作人员送财物，要求徇私，达到目的的；

（七）采取递条、打招呼、许愿等手段，暗示、授意招生工作人员违反招生工作规定录取考生，达到目的的；

第十二条 各级国家机关负责干部有下列行为之一的，给予记大过以上的行政处分并发通报：

（一）指使、纵容、授意招生工作人员放松考试纪律，致使考试纪律混乱的；

（二）滥用职权或者授意、强令招生工作人员违反招生规定录取考生的；

（三）因官僚主义致使招生工作受到重大损失的；

（四）打击、报复、诬陷招生工作人员的。

第十三条　违反招生工作规定录取考生的，对主要责任人给予记大过以上的行政处分，对其他参与者给予记大过以下的行政处分。

第十四条　有组织的舞弊，对主要责任人给予撤职以上的行政处分。对其他参与者，视情节轻重，给予行政处分。

第十五条　考室、考点或者考区发生考试纪律混乱，该次考试无效，并取消该考点、考区下一年举办普通高等学校招生统一考试的资格。

第十六条　有下列行为之一的，除对主要责任人给予撤职以上行政处分，对主管领导人及其它参与者，视情节轻重给予行政处分外，凡违反治安管理行为，尚不够刑事处罚的，应当按照《中华人民共和国治安管理处罚法》的规定予以处罚，情节严重构成犯罪的，由司法机关依法追究刑事责任：

（一）泄露或者盗窃、抢劫高等学校招生考试试题、参考答案、评分标准的；

（二）招生工作人员由于玩忽职守，致使高等学校招生考试试题、参考答案、评分标准及考试答卷发生重大事故的；

（三）招生工作人员利用职务上的便利，收受贿赂、敲诈勒索财物或贪污招生经费的；

（四）向招生工作人员行贿的；

（五）以招生为由或者以升学为目的进行诈骗的；

（六）扰乱妨害考场、体检场、评卷场、录取场秩序和安全；侵犯招生工作人员、考生人身权利，损害公共财产的；

（七）有其他破坏招生工作行为的。

第四章　裁决与执行

第十七条　对考生和招生工作人员违反高等学校招生管理行为给予的招生纪律处罚，其行为发生在哪一级，由哪级招生委员会裁决和执行。

第十八条　地区级以下招生委员会作出的招生纪律处罚决定，应报省、自治区、直辖市招生委员会备案；重大案件应报省、自治区、直辖市招生委员会裁决后执行。对本规定第十五条、第十六条第一、二款所列行为的处罚，由省、自治区、直辖市招生委员会报国家教育委员会裁决后执行。

第十九条　国家教育委员会和上一级招生委员会对下一级招生委员会所作出的裁决，有权修正或者否定。

第二十条　对国家在职人员违反招生管理行为给予的行政处分，由被处分人所在地的招生委员会提出处理的建议意见，交被处分人所在单位处理。对各级国家机关工作人员违反招生管理的行为，视情节由有关监察部门协同裁决部门查处。

第二十一条　有关机关应将对被处分人的处理情况，答复原提出处理建议意见的招生委员会。

第二十二条　对违反招生管理行为的人给予的处分或者处罚，裁决机关应作出处理决定，并通知被处分人或者被处罚人。

第二十三条　被处分人对所受到的行政处分决定不服的，按照国家有关规定的申诉程序办理。

第五章　附　则

第二十四条　本规定所称的"以上"、"以下"，包括本数。

第二十五条　本规定由教育部负责解释。

第二十六条　本规定自 1988 年 5 月 15 日起施行。

地方招生委员会过去发布的有关招生的处罚规定与本规定有抵触的，以本规定为准。

国家教育考试违规处理办法

中华人民共和国教育部令

第 33 号

《教育部关于修改〈国家教育考试违规处理办法〉的决定》已经 2011 年 12 月 23 日第 41 次教育部部长办公会议通过，现予发布，自 2012 年 4 月 1 日起施行。

教育部部长

二〇一二年一月五日

（2004 年 5 月 19 日中华人民共和国教育部令第 18 号发布；根据 2012 年 1 月 5 日《教育部关于修改〈国家教育考试违规处理办法〉的决定》修正）

第一章 总 则

第一条 为规范对国家教育考试违规行为的认定与处理，维护国家教育考试的公平、公正，保障参加国家教育考试的人员（以下简称考生）、从事和参与国家教育考试工作的人员（以下简称考试工作人员）的合法权益，根据《中华人民共和国教育法》及相关法律、行政法规，制定本办法。

　　第二条　本办法所称国家教育考试是指普通和成人高等学校招生考试、全国硕士研究生招生考试、高等教育自学考试等，由国务院教育行政部门确定实施，由经批准的实施教育考试的机构承办，面向社会公开、统一举行，其结果作为招收学历教育学生或者取得国家承认学历、学位证书依据的测试活动。

　　第三条　对参加国家教育考试的考生以及考试工作人员、其他相关人员，违反考试管理规定和考场纪律，影响考试公平、公正行为的认定与处理，适用本办法。

　　对国家教育考试违规行为的认定与处理应当公开公平、合法适当。

　　第四条　国务院教育行政部门及地方各级人民政府教育行政部门负责全国或者本地区国家教育考试组织工作的管理与监督。

　　承办国家教育考试的各级教育考试机构负责有关考试的具体实施，依据本办法，负责对考试违规行为的认定与处理。

第二章　违规行为的认定与处理

　　第五条　考生不遵守考场纪律，不服从考试工作人员的安排与要求，有下列行为之一的，应当认定为考试违纪：

　　（一）携带规定以外的物品进入考场或者未放在指定位置的；

　　（二）未在规定的座位参加考试的；

　　（三）考试开始信号发出前答题或者考试结束信号发出后继续答题的；

　　（四）在考试过程中旁窥、交头接耳、互打暗号或者手势的；

　　（五）在考场或者教育考试机构禁止的范围内，喧哗、吸烟或

者实施其他影响考场秩序的行为的;

（六）未经考试工作人员同意在考试过程中擅自离开考场的;

（七）将试卷、答卷（含答题卡、答题纸等，下同）、草稿纸等考试用纸带出考场的;

（八）用规定以外的笔或者纸答题或者在试卷规定以外的地方书写姓名、考号或者以其他方式在答卷上标记信息的;

（九）其他违反考场规则但尚未构成作弊的行为。

第六条　考生违背考试公平、公正原则，在考试过程中有下列行为之一的，应当认定为考试作弊:

（一）携带与考试内容相关的材料或者存储有与考试内容相关资料的电子设备参加考试的;

（二）抄袭或者协助他人抄袭试题答案或者与考试内容相关的资料的;

（三）抢夺、窃取他人试卷、答卷或者胁迫他人为自己抄袭提供方便的;

（四）携带具有发送或者接收信息功能的设备的;

（五）由他人冒名代替参加考试的;

（六）故意销毁试卷、答卷或者考试材料的;

（七）在答卷上填写与本人身份不符的姓名、考号等信息的;

（八）传、接物品或者交换试卷、答卷、草稿纸的;

（九）其他以不正当手段获得或者试图获得试题答案、考试成绩的行为。

第七条　教育考试机构、考试工作人员在考试过程中或者在考试结束后发现下列行为之一的，应当认定相关的考生实施了考试作弊行为:

（一）通过伪造证件、证明、档案及其他材料获得考试资格、加分资格和考试成绩的;

（二）评卷过程中被认定为答案雷同的;

（三）考场纪律混乱、考试秩序失控，出现大面积考试作弊现象的；

（四）考试工作人员协助实施作弊行为，事后查实的；

（五）其他应认定为作弊的行为。

第八条 考生及其他人员应当自觉维护考试秩序，服从考试工作人员的管理，不得有下列扰乱考试秩序的行为：

（一）故意扰乱考点、考场、评卷场所等考试工作场所秩序；

（二）拒绝、妨碍考试工作人员履行管理职责；

（三）威胁、侮辱、诽谤、诬陷或者以其他方式侵害考试工作人员、其他考生合法权益的行为；

（四）故意损坏考场设施设备；

（五）其他扰乱考试管理秩序的行为。

第九条 考生有第五条所列考试违纪行为之一的，取消该科目的考试成绩。

考生有第六条、第七条所列考试作弊行为之一的，其所报名参加考试的各阶段、各科成绩无效；参加高等教育自学考试的，当次考试各科成绩无效。

有下列情形之一的，可以视情节轻重，同时给予暂停参加该项考试 1 至 3 年的处理；情节特别严重的，可以同时给予暂停参加各种国家教育考试 1 至 3 年的处理：

（一）组织团伙作弊的；

（二）向考场外发送、传递试题信息的；

（三）使用相关设备接收信息实施作弊的；

（四）伪造、变造身份证、准考证及其他证明材料，由他人代替或者代替考生参加考试的。

参加高等教育自学考试的考生有前款严重作弊行为的，也可以给予延迟毕业时间 1 至 3 年的处理，延迟期间考试成绩无效。

第十条 考生有第八条所列行为之一的，应当终止其继续参加本科目考试，其当次报名参加考试的各科成绩无效；考生及其他人员的行为违反《中华人民共和国治安管理处罚法》的，由公安机关进行处理；构成犯罪的，由司法机关依法追究刑事责任。

第十一条　考生以作弊行为获得的考试成绩并由此取得相应的学位证书、学历证书及其他学业证书、资格资质证书或者入学资格的，由证书颁发机关宣布证书无效，责令收回证书或者予以没收；已经被录取或者入学的，由录取学校取消录取资格或者其学籍。

第十二条　在校学生、在职教师有下列情形之一的，教育考试机构应当通报其所在学校，由学校根据有关规定严肃处理，直至开除学籍或者予以解聘：

（一）代替考生或者由他人代替参加考试的；

（二）组织团伙作弊的；

（三）为作弊组织者提供试题信息、答案及相应设备等参与团伙作弊行为的。

第十三条　考试工作人员应当认真履行工作职责，在考试管理、组织及评卷等工作过程中，有下列行为之一的，应当停止其参加当年及下一年度的国家教育考试工作，并由教育考试机构或者建议其所在单位视情节轻重分别给予相应的行政处分：

（一）应回避考试工作却隐瞒不报的；

（二）擅自变更考试时间、地点或者考试安排的；

（三）提示或暗示考生答题的；

（四）擅自将试题、答卷或者有关内容带出考场或者传递给他人的；

（五）未认真履行职责，造成所负责考场出现秩序混乱、作弊严重或者视频录像资料损毁、视频系统不能正常工作的；

（六）在评卷、统分中严重失职，造成明显的错评、漏评或者积分差错的；

（七）在评卷中擅自更改评分细则或者不按评分细则进行评卷的；

（八）因未认真履行职责，造成所负责考场出现雷同卷的；

（九）擅自泄露评卷、统分等应予保密的情况的；

（十）其他违反监考、评卷等管理规定的行为。

第十四条 考试工作人员有下列作弊行为之一的，应当停止其参加国家教育考试工作，由教育考试机构或者其所在单位视情节轻重分别给予相应的行政处分，并调离考试工作岗位；情节严重，构成犯罪的，由司法机关依法追究刑事责任：

（一）为不具备参加国家教育考试条件的人员提供假证明、证件、档案，使其取得考试资格或者考试工作人员资格的；

（二）因玩忽职守，致使考生未能如期参加考试的或者使考试工作遭受重大损失的；

（三）利用监考或者从事考试工作之便，为考生作弊提供条件的；

（四）伪造、变造考生档案（含电子档案）的；

（五）在场外组织答卷、为考生提供答案的；

（六）指使、纵容或者伙同他人作弊的；

（七）偷换、涂改考生答卷、考试成绩或者考场原始记录材料的；

（八）擅自更改或者编造、虚报考试数据、信息的；

（九）利用考试工作便利，索贿、受贿、以权徇私的；

（十）诬陷、打击报复考生的。

第十五条 因教育考试机构管理混乱、考试工作人员玩忽职守，造成考点或者考场纪律混乱，作弊现象严重；或者同一考点同一时间的考试有 1/5 以上考场存在雷同卷的，由教育行政部门取消该考点当年及下一年度承办国家教育考试的资格；高等教育自学考试考区内一个或者一个以上专业考试纪律混乱，作弊现象严重，由高等教育自学考试管理机构给予该考区警告或者停考该考区相应专业 1 至 3 年的处理。

对出现大规模作弊情况的考场、考点的相关责任人、负责人及所属考区的负责人，有关部门应当分别给予相应的行政处分；情节严重，构成犯罪的，由司法机关依法追究刑事责任。

第十六条 违反保密规定，造成国家教育考试的试题、答案及评分参考（包括副题及其答案及评分参考，下同）丢失、损毁、泄密，或者使考生答卷在保密期限内发生重大事故的，由有关部门视情节轻重，分别给予责任人和有关负责人行政处分；构成犯罪的，由司法机关依法追究刑事责任。

盗窃、损毁、传播在保密期限内的国家教育考试试题、答案及评分参考、考生答卷、考试成绩的，由有关部门依法追究有关人员的责任；构成犯罪的，由司法机关依法追究刑事责任。

第十七条 有下列行为之一的，由教育考试机构建议行为人所在单位给予行政处分；违反《中华人民共和国治安管理处罚法》的，由公安机关依法处理；构成犯罪的，由司法机关依法追究刑事责任：

（一）指使、纵容、授意考试工作人员放松考试纪律，致使考场秩序混乱、作弊严重的；

（二）代替考生或者由他人代替参加国家教育考试的；

（三）组织或者参与团伙作弊的；

（四）利用职权，包庇、掩盖作弊行为或者胁迫他人作弊的；

（五）以打击、报复、诬陷、威胁等手段侵犯考试工作人员、考生人身权利的；

（六）向考试工作人员行贿的；

（七）故意损坏考试设施的；

（八）扰乱、妨害考场、评卷点及有关考试工作场所秩序后果严重的。

国家工作人员有前款行为的，教育考试机构应当建议有关纪检、监察部门，根据有关规定从重处理。

第三章　违规行为认定与处理程序

　　第十八条　考试工作人员在考试过程中发现考生实施本办法第五条、第六条所列考试违纪、作弊行为的，应当及时予以纠正并如实记录；对考生用于作弊的材料、工具等，应予暂扣。

　　考生违规记录作为认定考生违规事实的依据，应当由2名以上监考员或者考场巡视员、督考员签字确认。

　　考试工作人员应当向违纪考生告知违规记录的内容，对暂扣的考生物品应当填写收据。

　　第十九条　教育考试机构发现本办法第七条、第八条所列行为的，应当由2名以上工作人员进行事实调查，收集、保存相应的证据材料，并在调查事实和证据的基础上，对所涉及考生的违规行为进行认定。

　　考试工作人员通过视频发现考生有违纪、作弊行为的，应当立即通知在现场的考试工作人员，并应当将视频录像作为证据保存。教育考试机构可以通过视频录像回放，对所涉及考生违规行为进行认定。

　　第二十条　考点汇总考生违规记录，汇总情况经考点主考签字认定后，报送上级教育考试机构依据本办法的规定进行处理。

　　第二十一条　考生在普通和成人高等学校招生考试、高等教育自学考试中，出现第五条所列考试违纪行为的，由省级教育考试机构或者市级教育考试机构做出处理决定，由市级教育考试机构做出的处理决定应报省级教育考试机构备案；出现第六条、第七条所列考试作弊行为的，由市级教育考试机构签署意见，报省级教育考试机构处理，省级教育考试机构也可以要求市级教育考试机构报送材料及证据，直接进行处理；出现本办法第八条所列扰乱考试秩序行为的，由市级教育考试机构签署意见，报省级教育考试机构按照前款规定处理，对考生及其他人员违反治安管理法律法规的行为，由当地公安部门处理；评卷过程中发现考生有本办法第七条所列考试作弊行为的，由省级教育考试机构做出处理决定，并通知市级教育考试机构。

考生在参加全国硕士研究生招生考试中的违规行为，由组织考试的机构认定，由相关省级教育考试机构或者受其委托的组织考试的机构做出处理决定。

在国家教育考试考场视频录像回放审查中认定的违规行为，由省级教育考试机构认定并做出处理决定。

参加其他国家教育考试考生违规行为的处理由承办有关国家教育考试的考试机构参照前款规定具体确定。

第二十二条　教育行政部门和其他有关部门在考点、考场出现大面积作弊情况或者需要对教育考试机构实施监督的情况下，应当直接介入调查和处理。

发生第十四、十五、十六条所列案件，情节严重的，由省级教育行政部门会同有关部门共同处理，并及时报告国务院教育行政部门；必要时，国务院教育行政部门参与或者直接进行处理。

第二十三条　考试工作人员在考场、考点及评卷过程中有违反本办法的行为的，考点主考、评卷点负责人应当暂停其工作，并报相应的教育考试机构处理。

第二十四条　在其他与考试相关的场所违反有关规定的考生，由市级教育考试机构或者省级教育考试机构做出处理决定；市级教育考试机构做出的处理决定应报省级教育考试机构备案。

在其他与考试相关的场所违反有关规定的考试工作人员，由所在单位根据市级教育考试机构或者省级教育考试机构提出的处理意见，进行处理，处理结果应当向提出处理的教育考试机构通报。

第二十五条　教育考试机构在对考试违规的个人或者单位做出处理决定前，应当复核违规事实和相关证据，告知被处理人或者单位做出处理决定的理由和依据；被处理人或者单位对所认定的违规事实认定存在异议的，应当给予其陈述和申辩的机会。

给予考生停考处理的，经考生申请，省级教育考试机构应当举行听证，对作弊的事实、情节等进行审查、核实。

第二十六条 教育考试机构做出处理决定应当制作考试违规处理决定书，载明被处理人的姓名或者单位名称、处理事实根据和法律依据、处理决定的内容、救济途径以及做出处理决定的机构名称和做出处理决定的时间。

考试违规处理决定书应当及时送达被处理人。

第二十七条 考生或者考试工作人员对教育考试机构做出的违规处理决定不服的，可以在收到处理决定之日起 15 日内，向其上一级教育考试机构提出复核申请；对省级教育考试机构或者承办国家教育考试的机构做出的处理决定不服的，也可以向省级教育行政部门或者授权承担国家教育考试的主管部门提出复核申请。

第二十八条 受理复核申请的教育考试机构、教育行政部门应对处理决定所认定的违规事实和适用的依据等进行审查，并在受理后 30 日内，按照下列规定作出复核决定：

（一）处理决定认定事实清楚、证据确凿，适用依据正确，程序合法，内容适当的，决定维持；

（二）处理决定有下列情况之一的，决定撤销或者变更：

1. 违规事实认定不清、证据不足的；

2. 适用依据错误的；

3. 违反本办法规定的处理程序的。

做出决定的教育考试机构对因错误的处理决定给考生造成的损失，应当予以补救。

第二十九条 申请人对复核决定或者处理决定不服的，可以依法申请行政复议或者提起行政诉讼。

第三十条 教育考试机构应当建立国家教育考试考生诚信档

案，记录、保留在国家教育考试中作弊人员的相关信息。国家教育考试考生诚信档案中记录的信息未经法定程序，任何组织、个人不得删除、变更。

国家教育考试考生诚信档案可以依申请接受社会有关方面的查询，并应当及时向招生学校或单位提供相关信息，作为招生参考条件。

第三十一条 省级教育考试机构应当及时汇总本地区违反规定的考生及考试工作人员的处理情况，并向国家教育考试机构报告。

第四章 附 则

第三十二条 本办法所称考场是指实施考试的封闭空间；所称考点是指设置若干考场独立进行考务活动的特定场所；所称考区是指由省级教育考试机构设置，由若干考点组成，进行国家教育考试实施工作的特定地区。

第三十三条 非全日制攻读硕士学位全国考试、中国人民解放军高等教育自学考试及其他各级各类教育考试的违规处理可以参照本办法执行。

第三十四条 本办法自发布之日起施行。此前教育部颁布的各有关国家教育考试的违规处理规定同时废止。

附 录

高等学校招生全国统一考试管理处罚暂行规定

中华人民共和国国家教育委员会令

第 18 号

1992 年 2 月 2 日

第一章 总 则

第一条 为维护高等学校招生全国统一考试管理秩序，保证有关考试的顺利进行，保障考生和有关人员的合法权益，制定本规定。

第二条 本规定适用于普通、成人高等学校本、专科招生的全国统一考试（以下简称"全国统一考试"）。

第三条 参加全国统一考试的考生（以下简称"考生"）、从事和参与全国统一考试工作的人员（以下简称"考试工作人员"）及其他人员，必须遵守国家教育委员会颁发的《普通、成人高等学校本、专科招生全国统一考试工作规则》及其他有关全国统一考试工作管理的法规、规章。

第四条 考生和考试工作人员违反全国统一考试管理的，根据情节轻重，依照本规定给予处罚。

第五条 国家教育委员会在职权范围内主管全国统一考试管理

处罚工作。国家教育委员会考试中心办理全国统一考试管理处罚的日常具体工作。

地方的考试管理处罚，由地方各级招生考试机构负责。

第六条 在职人员违反全国统一考试管理，需要给予行政处分的，由招生考试机构建议其所在单位给予相应的行政处分，或由行政监察机关依法查处；需要给予党纪处分的，移送党的有关纪检组织处理。

第二章 违反考试管理的行为和处罚

第七条 考生有下列情形之一的，扣除该科所得分的30%—50%：

（一）携带规定以外的物品进入考场的；

（二）开考信号发出前答题的；

（三）考试终了信号发出后继续答卷的；

（四）在考场内吸烟、喧哗或有其他影响考场秩序的行为，经劝阻仍不改正的；

（五）在试卷规定以外的地方写姓名、考号的；

（六）用规定以外的笔答题的。

第八条 考生在两科以上考试中有第七条所列情形之一的，所考科目的考试成绩无效。

第九条 考生有下列情形之一的，取消当年考试资格，情节严重的，不准参加下一年度的全国统一考试：

（一）交头接耳，互打暗号、手势的；

（二）夹带的；

（三）接传答案的；

（四）交换答卷的；

（五）抄袭他人答卷的；

（六）有意将自己的答卷让他人抄袭的；

（七）考试期间撕毁试卷或答卷的；

（八）将试卷或答卷带出考场的；

（九）在评卷中被认定为雷同卷的；

（十）有意在答卷中做其他标记的；

（十一）有其他舞弊行为的。

第十条　考生有下列情形之一的，取消当年考试资格，并从下一年起两年内不准参加全国统一考试：

（一）扰乱报名站（点）、考场、评卷场及考试有关工作场所秩序的；

（二）拒绝、阻碍考试工作人员执行公务的；

（三）威胁考试工作人员安全或公然侮辱、诽谤、诬陷考试工作人员的；

（四）伪造证件、证明、档案以取得考试资格的。

第十一条　考生由他人代考的，或偷换答卷、涂改成绩的，取消当年考试资格，并从下一年起三年内不准参加全国统一考试；其中是在职人员的，依照本规定第六条处理。

第十二条　高等学校在校生代他人参加全国统一考试的，由其所在学校勒令退学或开除学籍；在校高中生代他人参加全国统一考试的，从该生毕业当年起两年内不准参加全国统一考试；在职人员代他人参加全国统一考试的，依照本规定第六条处理。

第十三条　考试工作人员有下列情形之一的，取消当年考试工作人员资格，并给予通报批评：

（一）监考中不履行职责，吸烟、看书、看报、打瞌睡、聊天、擅自离开岗位，经指出仍不改正的；

（二）在评卷、统分中错评、漏评、积分差误较多，经指出仍不改正的；

（三）泄露评卷、统分工作情况的。

第十四条　考试工作人员有下列情形之一的，取消当年及下一年考试工作人员资格，并视情节轻重给予行政处分：

（一）利用监考或从事考试工作之便，为考生舞弊提供条件的；

（二）考试期间，擅自将试卷带出或传出考场外的；

（三）擅自变动考生答卷时间的；

（四）提示或暗示考生答卷的；

（五）在监考、评卷、统分中，丢失、损坏考生答卷或有违反监考、评卷、统分工作规定，造成严重后果的。

第十五条　考试工作人员有下列情形之一的，给予行政处分，并调离考试工作岗位，以后不准再从事全国统一考试工作：

（一）伪造、涂改考生档案的；

（二）为不具备参加全国统一考试条件的人员提供假证明、证件、档案，使其取得报考资格的；

（三）在评卷中擅自更改评分标准的；

（四）指使、纵容、创造条件或伙同他人舞弊的；

（五）利用考试工作便利，索贿、受贿、以权徇私的；

（六）应回避考试工作却隐瞒不报，利用工作之便以权营私的；

（七）诬陷、打击、报复考生的；

（八）场外组织答卷、为考生提供答案的；

（九）偷换、涂改考生答卷、考试成绩的。

在职人员有上列情形之一的，依照本规定第六条处理。

第十六条　各级国家机关、企事业单位负责干部或其他在职人员有下列情形之一的，依照本规定第六条处理：

（一）指使、纵容、授意考试工作人员放松考试纪律，致使考场混乱、舞弊严重的；

（二）打击、报复、诬陷考试工作人员的；

（三）利用职务之便，胁迫他人舞弊的；

（四）利用职权，包庇、掩盖舞弊行为情节严重的。

第十七条　因考试工作人员玩忽职守，造成考点或部分考场纪律混乱，舞弊、抄袭严重，或一科 1/3 以上答卷雷同，取消此考点下一年度举办全国统一考试的资格；撤销有关责任人员的考试工作人员资格，并给予行政处分；同时追究考区负责人的领导责任。

第十八条 有下列情形之一的，由公安机关依照《治安管理处罚条例》予以处罚；构成犯罪的，依法追究刑事责任：

（一）扰乱、妨害考场、评卷场及考试有关工作场所秩序的；

（二）侵犯考试工作人员、考生人身权利的；

（三）故意损坏考试设施的。

第十九条 有下列情形之一，构成犯罪的，依照《刑法》追究刑事责任：

（一）考试工作人员利用职务之便，收受贿赂的；

（二）向考试工作人员行贿的；

（三）以升学考试为名，进行诈骗的；

（四）考试工作人员由于玩忽职守，致使考试工作遭受重大损失的。

第二十条 盗窃未经启用的全国统一考试试题、参考答案及评分标准（包括"副题"）和盗窃、损毁在保密期限内的考生答卷、考试成绩的，依照《刑法》第一百六十七条，追究其刑事责任。

第二十一条 国家工作人员违反保密规定，造成全国统一考试的试题、参考答案及评分标准（包括"副题"）泄密，或使考生答卷在保密期限内发生重大事故，依照《刑法》第一百八十六条的规定追究刑事责任；不够刑事处罚的，依《中华人民共和国保守国家秘密法》第三十一条规定，给予行政处分；对当地招生考试机构负责人，视具体情况，追究其领导责任。

非国家工作人员，有前款行为的，依照《刑法》第一百八十六条的规定，酌情处罚。

第二十二条 任何组织或个人，擅自编写、出版、印刷、销售为参加普通高等学校招生全国统一考试使用的复习资料、辅导材料、习题集、模拟题等，按国家教委、国家出版署、国家工商行政管理局（86）教中小材字 001 号文件规定处理。

未经国家教委考试中心批准，翻印、出版、销售全国统一考试的试题、参考答案及评分标准（包括"副题"）的，依照前款规定处理。

第三章　处罚程序

第二十三条　违反全国统一考试管理的行为，除其他法律、法规和本《规定》另有规定外，由招生考试机构给予处罚。

第二十四条　违反全国统一考试管理的行为，由当地招生考试机构作出考试处罚管理决定，并报省级招生考试机构备案；发生第十七、二十、二十一条所列重大案件由省级招生考试机构会同有关部门共同处理，并报国家教育委员会备案；必要时，可由国家教育委员会参予查处。

第二十五条　国家教育委员会和作出处罚决定机构的上一级招生考试机构可以撤销或变更下一级招生考试机构所作的处罚决定。

第二十六条　有关单位对违反考试管理的在职人员作出的处理结果，应抄送提出处分建议的招生考试机构。

第二十七条　对违反考试管理行为的人给予的处罚，处理机关应通知被处罚人。

第二十八条　被处罚人对处罚决定不服的，在接到处罚决定的 15 天内，可以向上一级招生考试主管部门提出申诉。

第四章　附　则

第二十九条　（88）教学字 006 号《普通高等学校招生管理处罚暂行规定》中有关考试管理处罚的规定同时失效。

第三十条　本规定自发布之日起施行。

网络高等学历教育招生与
统考数据管理暂行办法

教育部办公厅关于印发《网络高等学历教育招生与
统考数据管理暂行办法》的通知
教职成厅〔2011〕3 号

各省、自治区、直辖市教育厅（教委），新疆生产建设兵
团教育局，各现代远程教育试点高校：

网络高等学历教育招生信息电子注册和统考数据管理
是完善高等教育学历证书电子注册制度的一项重要工作，
直接关系着网络教育招生、办学的规范管理，是建立网络
高等学历教育学生电子学籍库、统考数据库、毕业生电子
注册数据库的基础，对推进网络高等学历教育健康、可持
续发展发挥着重要作用。为强化网络高等学历教育招生、
学籍管理、统考、毕业等环节的全过程科学规范管理，现
将《网络高等学历教育招生与统考数据管理暂行办法》印
发给你们，请按有关要求认真做好此项工作。

教育部办公厅
二〇一一年八月十六日

第一条 为维护网络高等学历教育公平、公正，保障高等教育
质量，保护学生合法权益，依据《高等教育法》以及《普通高等
学校学生管理规定》的有关要求，特制定本办法。

第二条 经批准开展现代远程教育试点的高等学校（以下简称
试点高校）招收网络高等学历教育学生，开展招生信息电子注册和

统考数据管理工作，适用本办法。

第三条　高校网络教育阳光招生服务平台建设专家委员会办公室（以下简称网招办）与全国高校网络教育考试委员会办公室合署办公，负责网络高等学历教育招生录取数据及统考数据的日常管理。试点高校具体负责网络高等学历教育招生录取、学籍电子注册数据管理等工作，并对本校数据负责。

第四条　网络高等学历教育招生简章、招生计划、校外学习中心信息及新生录取数据的管理工作依托中国现代远程与继续教育网全国网络教育阳光招生服务平台（以下简称阳光招生服务平台，http：//zhaosheng.cdce.cn）开展，网络高等学历教育学生学籍电子注册及学籍数据管理依托中国高等教育学生信息网学籍学历信息管理平台（以下简称学籍学历信息管理平台，http：//www.chsi.com.cn）开展。试点高校要建立与阳光招生服务平台和学籍学历信息管理平台对接的本校招生及学籍信息管理平台。

第五条　试点高校自建自用或共建共享的校外学习中心以及经我部批准开展现代远程教育教学支持服务的社会公共服务体系所建设的校外学习中心（以下简称校外学习中心）未经审批备案，或经省级教育行政部门年检不合格的，试点高校不得安排招生。省级教育行政部门要将审核备案和年检结果及时报送教育部主管部门，同时在阳光招生服务平台上发布。校外学习中心的资质以阳光招生服务平台的信息为准。

第六条　试点高校要按照我部招生文件规定组织招生、入学考试及新生录取、信息采集工作。试点高校要严格审核新生的入学学历资格，有下列情形之一的不得进行电子注册：（一）以校外学习中心名义自行招生的；（二）未获得高级中等教育毕业资格而录取为高中起点专科或者本科的；（三）未获得国民教育系列高等专科学历证书而录取为专科起点本科的；（四）其他不符合网络高等学历教育招生规定的情形。

第七条 试点高校应当根据阳光招生服务平台中《新生基本情况表》的具体要求，及时、完整、准确地采集新生数据。

第八条 试点高校完成新生数据采集工作后，应当于每年 3 月 15 日至 3 月 31 日，9 月 15 日至 9 月 30 日分别将当季录取的新生数据上报至阳光招生服务平台。逾期未上报的新生数据按下一批次新生数据上报。

第九条 阳光招生服务平台的操作采用数字证书（以下称 U—key）身份认证方式进行。各试点高校应建立数据上报专人负责制，实现 U—key 的专人专管。通过 U—key 上报、修改的数据即视为试点高校认可的数据。试点高校应当将同一数据、加盖学校公章的纸质文件提交网招办备案。

第十条 阳光招生服务平台在试点高校上报新生数据时自动查验以下信息，并把通过查验的数据转入网络高等学历教育新生数据库：

（一）注册号、姓名、性别、民族、出生日期、有效身份证件号、照片等个人信息；

（二）录取方式、入学日期、学习形式、学制、培养层次、专业、校外学习中心信息、入学学历资格信息等学校录取信息。

第十一条 阳光招生服务平台将网络高等学历教育新生数据库报送至学籍学历信息管理平台，进行新生入学资格核查及学籍注册，并生成网络高等学历教育学生学籍库。

第十二条 学籍学历信息管理平台应当根据本办法规定逐一审查网络高等学历教育新生数据库中的新生入学学历资格。春季和秋季的新生入学学历资格审查结果分别于每年 4 月底和 10 月底之前通过学籍学历信息管理平台反馈，供省级教育行政部门、试点高校下载和查询。合格者在学籍学历信息管理平台上注册学籍，不合格者不予注册。

入学学历资格审查不合格的春季和秋季新生可分别于每年 6 月

底和 12 月底前通过试点高校申请复查，复查合格者按照相关流程予以补报学籍电子注册。

第十三条　学生在籍期间的有关注册信息可以在学籍学历信息管理平台进行修改。但学生学籍核心数据不得修改，包括不能增加学生人数、姓名和身份证件号不能同时修改、培养层次不能上移、入学日期不能前移等。其它修改工作参照有关成人高等学历教育学生学籍管理办法执行。

第十四条　全国高校网络教育考试委员会办公室（以下简称网考办）在每次统考报考开始前三个工作日，从学籍学历信息管理平台下载考生学籍数据，生成统考考生基本信息库。网考办在统考成绩复核结束后的 7 个工作日内，将考试结果报至学籍学历信息管理平台备案。

第十五条　网络高等学历教育实行学分制和弹性修业年限。为保证人才培养质量，试点高校要根据我部有关规定和学科专业特点，确定最短修业年限（高中起点本科不低于五年；高中起点专科和专科起点本科不低于两年半或三年）和学分有效年限等标准。

第十六条　学籍库和统考数据库是建立网络高等教育学历证书电子注册数据库的基础。取得学籍的学生在规定的修业年限内，完成教学计划全部课程，修满规定的学分且学分在有效年限内，本科层次的还须统考成绩合格，方可准予毕业，颁发毕业证书。符合学位授予条件的，可以向学位授予单位申请学士学位。

第十七条　试点高校违反本办法及网络高等学历教育的其他有关规定，有下列行为之一的，由我部责令改正，予以警告，情节严重的停止试点资格，并同时责令学校追究有关领导和相关负责人责任。（一）违反规定招收网络高等学历教育学生的；（二）故意上报虚假注册信息的；（三）未按规定审核新生入学资格，为不符合资格者办理电子注册的；（四）不按规定注册，经指出逾期不改的。

第十八条　网络高等学历教育学生毕业证书、学位证书的发放及毕业电子注册按照我部有关规定执行。

第十九条　试点高校应当根据本办法制定或修改本校网络高等学历教育有关管理规定，并及时向学生公布。省级教育行政部门要根据本办法，指导、检查和督促本地试点高校的有关工作。

第二十条　本办法自 2011 年秋季招生开始实施。网络高等学历教育以往有关文件规定与本办法不一致的，以本办法为准。

教育部关于加强普通高中学业水平
考试考务管理的意见

教基二〔2016〕7号

各省、自治区、直辖市教育厅（教委），新疆生产建设兵团教育局：

进入新世纪以来，各地全面推行普通高中学业水平考试（以下简称学业水平考试），为保障高中教学质量，促进学生健康成长发挥了重要作用。党的十八届三中全会明确提出深化考试招生制度改革，将学业水平考试成绩作为高校招生录取的依据之一，在促进公平、科学选才等方面对学业水平考试提出了新的要求。

学业水平考试是关系教育公平公正的一项国家教育考试。面对新形势新要求，学业水平考试的组织和管理还不能完全适应考试招生制度改革和普通高中课程改革的需要，存在一些亟待解决的问题：对学业水平考试重要性的认识还有待进一步提高，考试条件保障不能充分满足需求，考试组织和管理还不够严密科学，考试安全还存在隐患和漏洞。必须充分认识学业水平考试的重要地位和加强考务管理的必要性紧迫性，采取有力措施，把学业水平考试考务管理作为一项基础工作抓紧抓实抓好。现就加强学业水平考试考务管理提出如下意见。

一、明确责任主体

省级教育行政部门指导和统筹本行政区域学业水平考试，要在省级人民政府的统一领导下，会同有关部门建立健全学业水平考试考务管理制度，完善治理考试环境、维护考试安全、整治考风考纪等相关工作机制。省级招生考试机构对考务管理工作负责，加强从命题、制卷、运送、保管、分发、施考到评卷全过程管理。各省级教育行政部门和招生考试机构要切实提高思想认识，明确各级教育行政部门、招生考试机构和学校的工作职责，逐级签订考试安全责任书，确保责任落实到岗到人。关键和重点岗位要一岗多控、人技联防，形成既相互衔接又有效制约的工作机制。

二、规范考试场所

省级统一组织的学业水平考试必须全部安排在标准化考点进行，相关学校有义务承担考试任务并按要求做好工作。要加强标准化考点的日常维护和升级，完善应急指挥系统、网上巡查系统、作弊防控系统、考生身份验证系统，以及防范现代科技手段作弊的相关检查检测设备，全面提高标准化考点技术防范水平。由各地和学校组织实施的有关科目考试，省级教育行政部门和招生考试机构要参照《国家教育考试标准化考点规范（暂行）》，对考试场所提出规范要求并开展督查。

三、严格考试实施

各地要参照普通高等学校招生考试等国家教育考试考务工作规定，建立健全学业水平考试考务工作规章制度，严格依规实施考试。要把好人员关，加强考务工作人员选用工作，选聘责任意识强、业务素质高、身体状况好的教师承担监考工作；加强相关法律法规、职业道德、考务管理、作弊识别等方面的培训，全员签订考试安全和考风考纪责任书，严格执行回避制度，确保考务工作人员履职尽责。要把好入场关，对进入考试场所人员的安全保密检查提出明确要求，查验居民身份证等证件材料，检查携带物品；要使用安全检查设备或以其他适当方式，实行考试入场检查。要严格监考巡查，加大对考场实地和网上巡查力度，防范、制止并如实记录违规行为；利用网上巡查系统，实时传送标准化考点网络监控图像，发现问题立即处理。

四、严肃违规查处

各地要通过多种渠道、采取多种方式加强考生诚信教育，宣讲相关法律法规，使考生和考试工作人员全面了解考试纪律，知晓违规违纪行为严重后果，自觉抵制违纪违法行为。对考风考纪薄弱地区，要采取约谈、巡视、派人进驻考点等方式，切实加强考风考纪监督，规范考试秩序。要设立举报箱和举报电话并在考前向社会公布，及时核查处理举报信息。要按照《中华人民共和国教育法》《国家教育考试违规处理办法》《普通高等学校招生违规行为处理暂行办法》等有关法律法规，严肃查处考试作弊等各类违规行为。同时，还要按照党和国家有关规定追究相关责任人和有关领导的责任。对违反国家有关法律法规、涉嫌犯罪的人员，要移送司法机关依法追究责任。

五、加强应急处置

各地要加强舆情监控，及早发现、有效应对不实宣传和恶意炒作，及时处置涉及本省（区、市）以及服务器在本省（区、市）的有害信息。要落实《国家教育考试突发事件应急处置预案实施办法（暂行）》，进一步完善考试期间发生自然灾害和突发事件的处置预案，充分做好应对考试期间发生地震、洪涝、极端天气等自然灾害以及疫病传播等情况的准备工作，认真进行应急预案演练，提高应急处置能力。要认真总结年度历次学业水平考试实施情况，建立考情报告制度。遇有重大突发事件要立即报告教育部。

六、强化组织保障

各地要按照教育部等 10 部门《关于进一步加强国家教育统一考试环境综合治理和考试安全工作的通知》要求，把学业水平考试纳入部门协作机制，完善联防联控、齐抓共管的工作机制。要加强标准化考点建设，加强命题、考务和评卷等工作人员队伍建设，保证学业水平考试工作经费投入。要大力宣传学业水平考试组织实施的政策，充分发挥舆论正面导向作用。要依法保证考生在考试期间享有的权利，为残疾人参加学业水平考试提供平等机会和合理便利。

教育部

2016 年 12 月 27 日

中华人民共和国学位条例

中华人民共和国学位条例

中华人民共和国主席令

第二十七号

《全国人民代表大会常务委员会关于修改〈中华人民共和国学位条例〉的决定》已由中华人民共和国第十届全国人民代表大会常务委员会第十一次会议于 2004 年 8 月 28 日通过，现予公布，自公布之日起施行。

中华人民共和国主席　胡锦涛

二〇〇四年八月二十八日

(1980 年 2 月 12 日第五届全国人民代表大会常务委员会第十三次会议通过；根据 2004 年 8 月 28 日第十届全国人民代表大会常务委员会第十一次会议《关于修改〈中华人民共和国学位条例〉的决定》修正)

第一条　为了促进我国科学专门人才的成长，促进各门学科学术水平的提高和教育、科学事业的发展，以适应社会主义现代化建设的需要，特制定本条例。

第二条　凡是拥护中国共产党的领导、拥护社会主义制度，具有一定学术水平的公民，都可以按照本条例的规定申请相应的学位。

第三条　学位分学士、硕士、博士三级。

第四条　高等学校本科毕业生，成绩优良，达到下述学术水平者，授予学士学位：

（一）较好地掌握本门学科的基础理论、专门知识和基本技能；

（二）具有从事科学研究工作或担负专门技术工作的初步能力。

第五条　高等学校和科学研究机构的研究生，或具有研究生毕业同等学力的人员，通过硕士学位的课程考试和论文答辩，成绩合格，达到下述学术水平者，授予硕士学位：

（一）在本门学科上掌握坚实的基础理论和系统的专门知识；

（二）具有从事科学研究工作或独立担负专门技术工作的能力。

第六条　高等学校和科学研究机构的研究生，或具有研究生毕业同等学力的人员，通过博士学位的课程考试和论文答辩，成绩合格，达到下述学术水平者，授予博士学位：

（一）在本门学科上掌握坚实宽广的基础理论和系统深入的专门知识；

（二）具有独立从事科学研究工作的能力；

（三）在科学或专门技术上做出创造性的成果。

第七条　国务院设立学位委员会，负责领导全国学位授予工作。学位委员会设主任委员一人，副主任委员和委员若干人。主任委员、副主任委员和委员由国务院任免。

第八条　学士学位，由国务院授权的高等学校授予；硕士学位、博士学位，由国务院授权的高等学校和科学研究机构授予。

授予学位的高等学校和科学研究机构（以下简称学位授予单位）及其可以授予学位的学科名单，由国务院学位委员会提出，经国务院批准公布。

第九条　学位授予单位，应当设立学位评定委员会，并组织有关学科的学位论文答辩委员会。

学位论文答辩委员会必须有外单位的有关专家参加，其组成人员由学位授予单位遴选决定。学位评定委员会组成人员名单由学位授予单位确定，报国务院有关部门和国务院学位委员会备案。

第十条　学位论文答辩委员会负责审查硕士和博士学位论文、组织答辩，就是否授予硕士学位或博士学位作出决议。决议以不记名投票方式，经全体成员三分之二以上通过，报学位评定委员会。

学位评定委员会负责审查通过学士学位获得者的名单；负责对学位论文答辩委员会报请授予硕士学位或博士学位的决议，作出是否批准的决定。决定以不记名投票方式，经全体成员过半数通过。决定授予硕士学位或博士学位的名单，报国务院学位委员会备案。

第十一条　学位授予单位，在学位评定委员会作出授予学位的决议后，发给学位获得者相应的学位证书。

第十二条　非学位授予单位应届毕业的研究生，由原单位推荐，可以就近向学位授予单位申请学位。经学位授予单位审查同意，通过论文答辩，达到本条例规定的学术水平者，授予相应的学位。

第十三条　对于在科学或专门技术上有重要的著作、发明、发现或发展者，经有关专家推荐，学位授予单位同意，可以免除考试，直接参加博士学位论文答辩。对于通过论文答辩者，授予博士学位。

第十四条　对于国内外卓越的学者或著名的社会活动家，经学位授予单位提名，国务院学位委员会批准，可以授予名誉博士学位。

第十五条 在我国学习的外国留学生和从事研究工作的外国学者，可以向学位授予单位申请学位。对于具有本条例规定的学术水平者，授予相应的学位。

第十六条 非学位授予单位和学术团体对于授予学位的决议和决定持有不同意见时，可以向学位授予单位或国务院学位委员会提出异议。学位授予单位和国务院学位委员会应当对提出的异议进行研究和处理。

第十七条 学位授予单位对于已经授予的学位，如发现有舞弊作伪等严重违反本条例规定的情况，经学位评定委员会复议，可以撤销。

第十八条 国务院对于已经批准授予学位的单位，在确认其不能保证所授学位的学术水平时，可以停止或撤销其授予学位的资格。

第十九条 本条例的实施办法，由国务院学位委员会制定，报国务院批准。

第二十条 本条例自 1981 年 1 月 1 日起施行。

附　录

普通高等教育学历证书管理暂行规定

教学〔1993〕12 号

（国家教委 1993 年 12 月 29 日发布）

第一条　为加强普通高等教育学历证书管理，维护国家学历教育制度和学历证书的严肃性，保证高等教育的质量和规格，特制定本规定。

第二条　普通高等教育学历证书系普通高等学校以及承担研究生教育的其他机构（以下统称高等学校或学校）发给学生受教育程度的凭证。

第三条　国家承认普通高等教育学历证书所证明的学历，持证人享受国家规定的有关待遇。

第四条　按国家规定招收，入学后取得学籍的学生，完成某一阶段的学业后，根据考试（考查）的结果，取得相应的学历证书。

第五条　普通高等教育学历证书分为毕业证书、结业证书、肄业证书三种。

第六条　毕业证书应具备以下内容：

（一）毕业生姓名、性别、年龄、学习起止年月（提前修完者应予注明）；

（二）学制、专业、层次（研究生、本科或专科），毕业；

（三）贴有本人免冠照片并加盖学校骑缝钢印；

（四）学校名称及印章，校（院）长签名；

（五）发证日期及证书编号。

第七条 结业证书应具备以下内容：

（一）结业生姓名、性别、年龄、学习起止年月；

（二）学制、专业、层次（研究生、本科或专科），结业；

（三）贴有本人免冠照片并加盖学校骑缝钢印；

（四）学校名称及印章，校（院）长签名；

（五）发证日期及证书编号。

第八条 肄业证书应具备以下内容：

（一）肄业生姓名、性别、年龄、学习起止年月；

（二）学制、专业、层次（研究生、本科或专科），肄业；

（三）贴有本人免冠照片并加盖学校骑缝钢印；

（四）学校名称及印章，校（院）长签名；

（五）发证日期及证书编号。

第九条 具有学籍的学生学完教学计划规定的全部课程，考试成绩及格（或修满学分），德育体育合格，准予毕业者，可取得毕业证书。

第十条 具有学籍的学生，学完教学计划规定的全部课程，其中有一门以上课程补考后仍不及格但不属于留级范围或未修满规定的学分，德育体育合格，准予结业者，可取得结业证书。

第十一条 具有学籍的学生学满一学年以上而未学完教学计划规定的课程中途退学者（被开除学籍者除外），可取得肄业证书。

第十二条 学历证书遗失后，可由本人向原发证机构申请。原发证机构审查后依据其毕业（结业、肄业）的情况出具相应的学历证明。

第十三条 普通高等学校接收的进修生，进修结束后可取得进修证明书。

第十四条　普通高等学校未按国家招生规定而自行招收的学生以及举办的各种培训班的学生，学习结束后学校只能发给学习证明书，不得颁发毕业（结业、肄业）证书。

第十五条　普通高等学校毕业和结业证书由国家教育委员会统一制作，学校填写后颁发。普通高等学校肄业证书由学校自行印制并颁发。

第十六条　统一制作的学历证书内芯印有"普通高等学校毕业（结业）证书"、"中华人民共和国国家教育委员会印制"及防伪标记。

第十七条　普通高等教育学历证书实行国家、省（自治区、直辖市）或国务院有关部门、学校三级管理。国家教育委员会对地区、部门按招生计划及实际毕业（结业）人数进行总量控制，统一印制普通高等学校毕业和结业证书或证书的内芯；制定有关学历证书的管理规定和实施办法；对学生的毕业（结业）资格审查和证书的颁发工作进行检查、监督。

省（自治区、直辖市）教育行政部门或国务院有关部门对所属高等学校录取新生和学籍管理工作进行监督和检查。省（自治区、直辖市）教育行政部门对所在地区范围内的普通高等学校的每届毕业和结业生进行毕（结）业资格审查，将学历证书按相应年份经国家审定的各省（自治区、直辖市）、国务院有关部委所属普通高等学校招生计划数发给学校。

学校每学年将毕业和结业生人数报所在省（自治区、直辖市）教育行政部门审查后，领取该年度所需的证书，填写并颁发给学生。

第十八条　从 1994 年起，凡未使用"国家教育委员会印制"的毕业或结业证书内芯而自行印发的毕业或结业证书，国家一律不予承认。在本《规定》下发前，普通高等学校按照国家教育委员会有关规定向具有学籍的学生颁发的学历证书，国家仍予承认，毋须换发。

第十九条 有特殊情况须颁发、换发毕业证书的，须报国家教育委员会批准。

第二十条 各地、有关部门、各学校必须加强对学历证书的管理。对失职、弄虚作假、徇私舞弊的责任者和单位，除责令其收回学历证书外，并追究有关人员和单位的责任，视情节轻重给予严肃处理；对仿制、伪造普通高等学校学历证书者要追究法律责任。

第二十一条 本规定由国家教育委员会负责解释。

第二十二条 本规定自发布之日起施行。

《普通高等教育学历证书管理
暂行规定》实施细则

教学〔1993〕12号

（国家教委 1993 年 12 月 29 日发布）

一、自 1994 年，普通高等学校的毕业（结业）证书，使用国家教育委员会统一制作的毕业（结业）证书内芯。本、专科毕业（结业）证书封皮由学校自行制作（也可由学校自行设计后报国家教育委员会制作）。证书内芯规格为（长）23.5 厘米×（宽）16.5 厘米。研究生学历证书封皮及内芯均由国家教育委员会统一制作。

二、各省（自治区、直辖市）教育主管部门于每年 3 月底以前将当年预计毕业生数报我委高校学生司；预计毕业生数不能大于毕业生入学年份经国家审定的省（自治区、直辖市）、国务院有关部委招生计划数。经审核后，我委于 4 月底前将毕业（结业）证书（芯）发至各省（自治区、直辖市）教育主管部门。

三、各校（研究生教育单位）每年将应届预计毕业生名册及其入学注册名册报所在省（自治区、直辖市）教育部门，省（自治区、直辖市）教育部门对省招生部门录取名册、学校学生入学注册名册、预计毕业生名册进行核对、审查后，5 月底以前按各校预计毕业生人数的 105%将毕业证书内芯和研究生毕业证书发学校。

四、各校（或研究生教育单位）每年颁发证书工作结束后，及时将剩余证书（芯）数和作废毕业（结业）证书报（退）省（自治区、直辖市）教育部门；省（自治区、直辖市）教育部门于每年本项工作结束后及时填表具报我委高校学生司。不退作废证书（芯）的按剩余证书（芯）处理；剩余证书（芯）继续使用，第二年发证时核减。

五、学校报送名册时间、核对招生和毕业生数及审核毕业生资格等工作，由各省（自治区、直辖市）教育部门具体规定。

六、证书（内芯）工本费、邮运费由各校支付，待核定后另行通知。

高等学校培养第二学士学位生的试行办法

国家教育委员会、国家计划委员会、财政部
关于印发《高等学校培养第二学士学位生的试行办法》的通知
教计字 105 号

北京市、河北省、浙江省教委、高教司、财政厅（局）、计委（计经委），国务院有关部委教育司（局），国家教委所属有关高等学校：

现将《高等学校培养第二学士学位生的试行办法》印发给你们，请参照执行。

通过第二学士学位的方式培养高层次专门人才，目前尚处于试验阶段，希望各地各部门在实践中注意总结经验，以便逐步建立、完善第二学士学位生培养制度。

国家教育委员会
国家计划委员会
中华人民共和国财政部
一九八七年六月六日

为了尽快地培养一批国家急需的知识面宽、跨学科的高层次专门人才，以适应四化建设的要求，自 1984 年以来，经原教育部和国家教委批准，少数高等学校试办了第二学士学位班。从初步实践和社会反映来看，采取第二学士学位的方式，有计划地培养某些应用学科的高层次专门人才，与培养研究生方式相辅相成，更能适合四化建设的实际需要。为了顺利地开展这项工作，现就高等学校培养第二学士学位生的有关问题，暂作如下规定：

一、培养第二学士学位生，在层次上属于大学本科后教育，与培养研究生一样，同是培养高层次专门人才的一种途径。

二、根据《中华人民共和国学位条例暂行实施办法》中所规定的十个学科门类（即：哲学、经济学、法学、教育学、文学、历史学、理学、工学、农学、医学），一般地凡是已修完一个学科门类中的某个本科专业课程，已准予毕业并获得学士学位，再攻读另一个学科门类中的某个本科专业，完成教学计划规定的各项要求，成绩合格，准予毕业的，可授予第二学士学位。

如果国家有特殊需要，经国家教委批准，在同一学科门类中，修完一个本科专业获得学士学位后，再攻读第二个本科专业，完成教学计划规定的各项要求，成绩合格，准予毕业的，也可以授予第二学士学位。

但是，目前有些高等学校在教学改革中，为了调动学生学习积极性，拓宽知识面，允许跨专业选修课程的学生，不能按攻读第二学士学位对待，不得授予第二学士学位。

三、鉴于高等学校的容量有限，而培养本专科学生的任务又很重，第二学士学位生只能根据国家的特殊需要有计划地按需培养，不大面积铺开，招生规模要从严控制，原则上限在部分办学历史较久，师资力量较强，教学科研水平较高的本科院校中试行。凡招收第二学士学位生，均须由学校根据国家需要和用人单位的要求，提出包括必要性和可行性论证内容的申请报告，经主管部门审核同意后，报国家教委审核批准。校舍紧张的重点高等学校，可以削减一些研究生招生名额，来安排招收第二学士学位生。年度招生计划由国家统一下达，并严格按计划招生。任何高等学校均不得不经批准擅自招生和授予学位。

四、第二学士学位生所攻读的专业，原则上应是学校现设的、具有学士学位授予资格的本科专业。如设置新的专业，应按规定先履行专业审批手续。

五、第二学士学位专业的招生对象，主要是大学毕业并获得学士学位的在职人员（含实行学位制度以前的大学本科毕业生。以下简称在职人员）。也可以根据国家的特殊需要，招收少量大学本科毕业并获得学士学位的应届毕业生（含按学分制提前完成学业并获得学士学位的学生。以下简称在校生）；攻读第二学士学位，均须本人自愿（在职人员报考，要经过本单位的批准），并经过必要的资格审查与入学考试、考核，择优录取。考试、考核的内容，应是第二学士学位专业的主要基础课程。招生考试及录取工作，目前可根据各专业的办学规模，采取不同的方式进行。有的专业可以实行全国统一考试、录取，有的也可以由省、市教育部门或招生学校自行组织。

为缓解高等学校校舍的紧张，在本市有住房的学生，应当尽可能实行走读。

六、第二学士学位的修业年限，一般为二年。具体修业时间和教学计划，由承担培养任务的学校提出意见，报主管部门核定。修业年限确定后，未经主管部门同意，学校不得更改。

七、培养第二学士学位生，必须保证教育质量。对攻读第二学士学位的学生，不论是在校生，还是在职人员，在教学上都要严格要求，必须依照教学要求，学完规定课程，不得迁就和随意降低标准。

攻读第二学士学位的学生，凡在规定修业年限内，修完规定课程，经考试合格，取得毕业和授予学士学位资格者，即可授予第二学士学位。凡达不到要求的，不再延长学习时间，亦不实行留级制度，可发肄业、结业证明。

对于攻读第二学士学位的学生，如发现有学习困难，无能力完成学业或表现不好的，学校可以取消其攻读第二学士学位的资格。同时也允许学习有困难的学生申请中途终止第二学士学位专业的学习。被取消资格的及中途终止学习的学生，属在校生的，按第一学士学位专业毕业分配，属在职人员的，仍回原单位工作。

八、在校生攻读第二学士学位，修业期满，获得第二学士学位者，原则上应根据国家需要，按第二学士学位专业分配工作。在职人员攻读第二学士学位，修业期满，不论是否获得第二学士学位者，均回原单位安排工作。

凡学习期满，获得第二学士学位者，毕业工作后起点工资与研究生班毕业生工资待遇相同；未获得第二学士学位者，仍按本科毕业生对待。

九、经国家教委批准，列入国家统一招生计划内的攻读第二学士学位学生，其所需经费按学校隶属关系和财政管理体制，按照研究生班的经费标准及其他待遇，分别在中央和地方的教育事业费中开支。

在校期间的生活补助费标准及其他待遇，按照硕士研究生待遇的有关规定执行，在规定学习期限内的书籍补助费，每生每年为30元。

十、第二学士学位的毕业证书和学位证书，仍按现行规定的统一格式，由学校制定颁发。但须在证书中注明第二学士学位的学科门类和专业名称。

学位证书和学位授予信息管理办法

国务院学位委员会 教育部
关于印发《学位证书和学位授予信息管理办法》的通知
学位〔2015〕18 号

各省、自治区、直辖市学位委员会、教育厅（教委），新疆生产建设兵团教育局，有关部门（单位）教育司（局），中国科学院前沿科学与教育局，中国社会科学院研究生院，中共中央党校学位评定委员会，中国人民解放军学位委员会，各学位授予单位：

根据国务院学位委员会第三十一次会议关于调整学位证书制发方式和管理办法的决议，为更好地适应学位工作和高等教育综合改革需要，提高学位授予质量，特制定《学位证书和学位授予信息管理办法》并印发给你们，请遵照执行。

自 2016 年 1 月 1 日起，学位证书由各学位授予单位自行印制，国务院学位委员会办公室印制的学位证书不再使用。各学位授予单位和有关主管部门要高度重视学位证书制发方式的调整工作，做好宣传解释，确保稳步实施。

国务院学位委员会 教育部
2015 年 6 月 26 日

第一章 总 则

第一条 为规范学位证书制发，加强学位授予信息管理，根据

《中华人民共和国高等教育法》和《中华人民共和国学位条例》及其暂行实施办法，制定本办法。

第二条 学位证书是学位获得者达到相应学术水平的证明，由授予学位的高等学校和科学研究机构（简称"学位授予单位"）制作并颁发给学位获得者。本办法所指学位证书为博士学位证书、硕士学位证书和学士学位证书。

第三条 学位授予信息是学位获得者申请学位的相关信息，以及学位证书的主要信息，包括博士学位、硕士学位和学士学位授予信息。

第二章 学位证书制发

第四条 学位证书由学位授予单位自主设计、印制。

第五条 学位证书应包括以下内容：

（一）学位获得者姓名、性别、出生日期（与本人身份证件信息一致），近期免冠正面彩色照片（骑缝加盖学位授予单位钢印）。

（二）攻读学位的学科、专业名称（名称符合国家学科专业目录及相关设置的规定）。

（三）所授学位的学科门类或专业学位类别（按国家法定门类或专业学位类别全称填写）。

（四）学位授予单位名称，校（院、所）长签名。

（五）证书编号。统一采取十六位阿拉伯数字的编号方法。十六位数字编号的前五位为学位授予单位代码；第六位为学位授予的级别，博士为2，硕士为3，学士为4；第七至第十位为授予学位的年份（如2016年授予的学位，填2016）；后六位数为各学位授予单位自行编排的号码。

（六）发证日期（填写学位授予单位学位评定委员会批准授予学位的日期）。

第六条 对于撤销的学位，学位授予单位应予以公告，宣布学位证书作废。

第七条 学位证书遗失或损坏的，经本人申请，学位授予单位核实后可出具相应的"学位证明书"。学位证明书应注明原学位证书编号等内容。学位证明书与学位证书具有同等效力。

第三章 学位授予信息报送

第八条 学位授予信息主要包括：学位获得者个人基本信息、学业信息、研究生学位论文信息等。信息报送内容由国务院学位委员会办公室制定。

第九条 学位授予单位根据国务院学位委员会办公室制定的学位授予信息数据结构和有关要求，结合本单位实际情况，确定信息收集范围，采集学位授予信息并报送省级学位主管部门。

第十条 省级学位主管部门汇总、审核、统计、发布本地区学位授予单位的学位授予信息并报送国务院学位委员会办公室。

第十一条 国务院学位委员会办公室汇总各省（自治区、直辖市）和军队系统的学位授予信息，开展学位授予信息的统计、发布。

第十二条 学位授予单位在做出撤销学位的决定后，应及时将有关信息报送省级学位主管部门和国务院学位委员会办公室。

第十三条 确需更改的学位授予信息，由学位授予单位提出申请，经省级学位主管部门审核确认后，由省级学位主管部门报送国务院学位委员会办公室进行更改。

第四章 管理与监督

第十四条 学位授予单位负责：

（一）设计、制作和颁发学位证书；

（二）收集、整理、核实和报送本单位学位授予信息，确保信息质量；

（三）将学位证书的样式及其变化情况、学位评定委员会通过的学位授予决定及名单及时报送省级学位主管部门备查。

第十五条 省级学位主管部门负责：

（一）本地区学位证书和学位授予信息的监督管理，查处违规行为；

（二）组织实施本地区学位授予信息的汇总、审核和报送。

（三）对本地区学位授予信息的更改进行审核确认。

第十六条 国务院学位委员会办公室负责：

（一）学位证书和学位授予信息的规范管理，制定有关的管理办法和工作要求，指导查处违规行为；

（二）组织开展学位授予信息报送工作；

（三）学位授予信息系统的运行管理；

（四）学位证书信息网上查询的监管。

第五章 附 则

第十七条 根据有关规定，学位授予单位印制的学位证书，不得使用国徽图案。

第十八条 学位证书是否制作外文副本，由学位授予单位决定。

第十九条 中国人民解放军系统的学位证书和学位授予信息管理，由军队学位委员会参照本办法制定具体规定。

第二十条 本办法自 2016 年 1 月 1 日起实行。有关规定与本办法不一致的，以本办法为准。

博士硕士学位授权审核办法

国务院学位委员会
关于印发《博士硕士学位授权审核办法》的通知
学位〔2017〕9号

各省、自治区、直辖市学位委员会、教育厅（教委），新疆生产建设兵团教育局，有关部门（单位）教育司（局），中国科学院前沿科学与教育局，中国社会科学院研究生院，中共中央党校学位评定委员会，中央军委训练管理部职业教育局，部属各高等学校：

《博士硕士学位授权审核办法》已经国务院学位委员会第三十三次会议审议通过。现印发给你们，请遵照执行。

国务院学位委员会
2017年3月13日

第一章　总　则

第一条　为做好博士硕士学位授权审核工作，保证学位授予和研究生培养质量，根据《中华人民共和国学位条例》及其暂行实施办法、《中华人民共和国行政许可法》，制定本办法。

第二条　博士硕士学位授权审核（以下简称"学位授权审核"）是指国务院学位委员会依据法定职权批准可授予学位的高等学校和科学研究机构及其可以授予学位的学科（含专业学位类别）的审批行为。

学位授权审核包括新增学位授权审核和学位授权点动态调整两种方式。

第三条 学位授权审核要全面贯彻国家教育方针，围绕国家区域发展战略和经济社会发展，以服务需求、提高质量、推动研究生教育内涵发展为目的，依法依规进行。

第四条 学位授权审核应当保证学位授予质量、服务社会发展需求、支撑研究生教育发展、激发培养单位活力，构建责权分明、统筹规划、分层实施、公正规范的制度体系。

第五条 新增学位授权审核分为新增博士硕士学位授予单位审核、学位授予单位新增博士硕士一级学科与专业学位类别（以下简称"新增博士硕士学位点"）审核、自主审核单位新增学位点审核。其中，自主审核单位新增学位点审核是指根据国务院学位委员会的授权，具备条件的学位授予单位可以自主按需开展新增博士硕士学位点、新兴交叉学位点评审，评审通过的学位点报国务院学位委员会批准。

第六条 学位授权点动态调整是指学位授予单位根据需求，自主撤销已有博士硕士学位点，新增不超过撤销数量的其他博士硕士学位点的学位授权点调整行为。具体实施办法按有关规定进行。

第七条 新增博士硕士学位授予单位申请基本条件、新增博士硕士学位点申请基本条件、自主审核单位申请基本条件由国务院学位委员会制定，每6年修订一次。

对服务国家重大需求、落实中央重大决策、保证国家安全具有特殊意义或属于填补全国学科领域空白的普通高等学校和学科，可适度放宽申请基本条件。

第二章 组织实施

第八条 新增学位授权审核由国务院学位委员会统一部署，每3年开展一次。

第九条 省级学位委员会受国务院学位委员会委托，负责接收学位授予单位申请，根据本区域经济社会发展对高层次人才需求，在专家评议基础上，向国务院学位委员会择优推荐新增博士硕士学位授予单位、新增博士硕士学位点和自主审核单位。

国务院学位委员会组织专家对新增博士学位授予单位、新增博士学位点和自主审核单位进行评议，并批准新增博士硕士学位授予单位、新增博士硕士学位点和自主审核单位新增博士硕士学位点。

第十条 国务院学位委员会在收到省级学位委员会的推荐意见后，应于3个月内完成审批，不包含专家评议时间。

第十一条 博士硕士学位点审核按照《学位授予和人才培养学科目录》规定的一级学科和专业学位类别进行。

第三章　新增博士硕士学位授予单位审核

第十二条 新增学位授予单位审核原则上只在普通高等学校范围内进行。从严控制新增学位授予单位数量。新增硕士学位授予单位以培养应用型人才为主。

第十三条 省级学位委员会根据国家和区域经济社会发展对高层次人才的需求，确定本地区普通高等学校的博士、硕士和学士三级学位授予单位比例，制订本地区新增学位授予单位规划，确定立项建设单位，按照立项、建设、评估、验收的程序分批安排建设。建设期一般不少于3年。

第十四条 新增学位授予单位需同时通过单位整体条件及一定数量相应级别学位授权点的授权审核，方可获批为博士硕士学位授予单位。新增学位授予单位同时申请的新增学位授权点审核按本办法第十九条规定的程序进行。

第十五条 新增博士硕士学位授予单位授权审核的基本程序是：

（一）符合新增博士硕士学位授予单位申请基本条件的普通高

等学校向本地区省级学位委员会提出申请，报送材料。

（二）省级学位委员会对申请学校的资格和材料进行核查，将申请材料在本省（区、市）教育主管部门官方网站上向社会公开，并按有关规定对异议进行处理。

（三）省级学位委员会组织专家对符合申请条件的学校进行评议，并在此基础上召开省级学位委员会会议，研究提出拟新增博士硕士学位授予单位的推荐名单，在经不少于 5 个工作日公示后，报国务院学位委员会。

（四）国务院学位委员会组织专家对省级学位委员会推荐的拟新增博士学位授予单位、按照本办法第七条第二款推荐的拟新增博士硕士学位授予单位进行评议，专家应在博士学位授权高校校领导、国务院学位委员会学科评议组（以下简称"学科评议组"）召集人、全国专业学位研究生教育指导委员会（以下简称"专业学位教指委"）主任委员与副主任委员及秘书长范围内选聘。获得 2/3（含）以上专家同意的确定为拟新增博士硕士学位授予单位。

经省级学位委员会推荐的符合硕士学位授予单位申请条件的学校，若无重大异议，可直接确定为拟新增硕士学位授予单位。

（五）国务院学位委员会将拟新增博士硕士学位授予单位名单向社会进行为期 10 个工作日的公示，并按有关规定对异议进行处理。

（六）国务院学位委员会审议批准新增博士硕士学位授予单位。

第四章　新增博士硕士学位点审核

第十六条　学位授予单位要根据经济社会发展对人才培养的需求，不断优化博士硕士学位点结构。新增学位点原则上应为与经济社会发展密切相关、社会需求较大、培养应用型人才的学科或专业学位类别。其中新增硕士学位点以专业学位点为主。

第十七条　国务院学位委员会根据国家需求、研究生就业情况、研究生培养规模、教育资源配置等要素提出新增学位点调控意见。各省级学位委员会根据国务院学位委员会部署，结合本地区实际，制订本地区学位点申报指南。

第十八条 博士学位授予单位可申请新增博士硕士学位点，硕士学位授予单位可申请新增硕士学位点。原则上不接受已转制为企业的学位授予单位申请新增学位点。

国务院学位委员会予以撤销的学位点（不包括学位点对应调整的），自撤销之日起5年内不得再申请新增为学位点。

第十九条 新增博士硕士学位点的基本程序是：

（一）学位授予单位按照申报指南和学位点申请基本条件，确定申报的一级学科和专业学位类别，向本地区省级学位委员会提出申请，报送材料，并说明已有学位点的队伍与资源配置情况。

（二）省级学位委员会对学位授予单位的申请资格和申请材料进行核查，将申请材料在本省（区、市）教育主管部门的官方网站上向社会公开，并按有关规定对异议进行处理。

（三）省级学位委员会根据学位点的类型，组织专家对符合申请基本条件的博士硕士学位点进行评议，专家组人员中应包括相应学科评议组成员或专业学位教指委委员。

（四）省级学位委员会在专家组评议基础上召开省级学位委员会会议，提出拟新增博士硕士学位点的推荐名单，在经不少于5个工作日公示后，报国务院学位委员会。

（五）国务院学位委员会委托学科评议组或专业学位教指委，对省级学位委员会推荐的拟新增博士学位点进行评议，获得2/3（含）以上专家同意的确定为拟新增博士学位点。

（六）国务院学位委员会将拟新增博士硕士学位点名单向社会进行为期10个工作日的公示，并按有关规定对异议进行处理。

（七）国务院学位委员会审议批准新增博士硕士学位点。

第五章　自主审核单位新增学位点审核

第二十条　国务院学位委员会根据研究生教育发展，逐步有序推进学位授予单位自主审核博士硕士学位点改革，鼓励学位授予单位内涵发展、形成特色优势、主动服务需求、开展高水平研究生教育。自主审核单位原则上应是我国研究生培养和科学研究的重要基地，学科整体水平高，具有较强的综合办学实力，在国内外享有较高的学术声誉和社会声誉。

第二十一条　符合申请基本条件的学位授予单位可向省级学位委员会提出开展自主审核新增学位点申请。省级学位委员会对申请材料进行核查后，将符合申请资格的学位授予单位报国务院学位委员会。国务院学位委员会组织专家评议后，经全体会议同意，确定自主审核单位。

第二十二条　自主审核单位应制订本单位学位授权审核实施办法、学科建设与发展规划和新增博士硕士学位点审核标准，报国务院学位委员会备案，并向社会公开。自主审核单位新增博士硕士学位点审核标准应高于国家相应学科或专业学位类别的申请基本条件。

第二十三条　自主审核单位须严格按照本单位自主审核实施办法和审核标准开展审核工作。对拟新增的学位点，应组织不少于7人的国内外同行专家进行论证。所有拟新增的学位点均须提交校学位评定委员会审议表决，获得全体委员2/3（含）以上同意的视为通过。

自主审核单位可每年开展新增学位点审核，并于当年10月31日前，将本单位拟新增学位点报国务院学位委员会批准。

第二十四条　自主审核单位可根据科学技术发展前沿趋势和经济社会发展需求，探索设置新兴交叉学科学位点。此类学位点经国务院学位委员会批准后纳入国家教育统计。

第二十五条 自主审核单位应加强对新增学位点的质量管理，每 6 年须接受一次评估。对已不再符合申请基本条件的，国务院学位委员会将取消其自主审核学位授权点的权限。

第二十六条 自主审核单位发生严重研究生培养质量或管理问题，或在学位点合格评估和专项评估中出现博士硕士学位点被评为"不合格"的，国务院学位委员会将取消其自主审核学位授权点的权限。

第六章 质量监管

第二十七条 学位授予单位存在下列情况之一的，应暂停新增学位点。

（一）生师比高于国家规定标准或高于本地区普通本科高校平均水平；

（二）学校经费总收入的生均数低于本地区普通本科高校平均水平；

（三）研究生奖助体系不健全，奖助经费落实不到位；

（四）研究生教育管理混乱，发生了严重的教育教学管理事件；

（五）在学位点合格评估、专项评估、学位论文抽检等质量监督工作中，存在较大问题；

（六）学术规范教育缺失，科研诚信建设机制不到位，学术不端行为查处不力。

第二十八条 本省（区、市）研究生教育存在下列情况之一的，应暂停其所属院校新增学位授权。

（一）研究生生均财政拨款较低；

（二）研究生奖助经费未能按照国家有关要求落实。

第二十九条 新增学位授权点获得国务院学位委员会批准 3 年后，应按照《学位授权点合格评估办法》接受专项评估。

分设领域的专业学位类别，招收培养研究生的领域由学位授予单位自主确定，报国务院学位委员会办公室和省级学位委员会备案。此类专业学位点须按招生领域参加合格评估和专项评估，有任一领域评估不合格，则视为该专业学位类别评估不合格。

第三十条 学位授予单位应实事求是地填写申报材料，严格遵守评审纪律。对材料弄虚作假、违反工作纪律的学位授予单位，取消其当年申请资格，并予以通报批评。

第三十一条 省级学位委员会要加强本地区学位与研究生教育统筹，科学规划学位授予单位和学位点建设，不断优化布局，根据本区域经济社会发展对高层次人才的需求，加强指导，督导学位授予单位自律，引导学位授予单位特色发展、提高质量、服务需求。要严格按照学位授予单位和学位点申请基本条件进行审核，保证质量。对不能保证质量的省级学位委员会予以通报批评。

第三十二条 国务院学位委员会组织对各省（区、市）学位授权审核工作进行督查，对违反本办法规定与程序、不按申请基本条件开展学位授权审核的省级学位委员会，将进行约谈，情节严重的将暂停该地区本次学位授权审核工作。

第七章 附 则

第三十三条 中国人民解放军各学位授予单位的学位授权审核由中国人民解放军学位委员会按照本办法组织进行。

各学位授予单位新增军事学门类一级学科授权点和军事硕士专业学位点，由中国人民解放军学位委员会审核后，报国务院学位委员会批准。

第三十四条 本办法由国务院学位委员会负责解释。

第三十五条 本办法自发布之日起实施，之前发布的与本办法不一致的有关规定，均按照本办法执行。

涉密研究生与涉密学位论文管理办法

国务院学位委员会　教育部　国家保密局
关于印发《涉密研究生与涉密学位论文管理办法》的通知
学位〔2016〕27 号

各省、自治区、直辖市学位委员会、教育厅（教委）、保密局，新疆生产建设兵团教育局、保密局，有关部门（单位）教育司（局）、保密办，中国科学院前沿科学与教育局、保密办，中国社会科学院研究生院、保密办，中共中央党校学位评定委员会、保密办，中国人民解放军学位委员会、保密办，各学位授予单位：

现将《涉密研究生与涉密学位论文管理办法》印发给你们，请遵照执行。

国务院学位委员会　教育部　国家保密局
2016 年 11 月 25 日

第一章　总　则

第一条　为加强涉密研究生与涉密学位论文的管理，根据《中华人民共和国保守国家秘密法》和国家有关保密法律法规，制定本办法。

第二条　本办法所称涉密研究生是指直接参与涉及国家秘密的教学、科研项目、任务等工作或者在教学、科研过程中接触、知悉、产生和处理较多国家秘密事项的在读研究生。

在职攻读学位的研究生，已被确定为涉密人员，确因教学、科研需要，接触、知悉、产生和处理国家秘密的，依据涉密人员相关规定进行管理。

　　第三条　本办法所称涉密学位论文是指以文字、数据、符号、图形、图像、声音等方式记载国家秘密信息的学位论文。涉密学位论文的导师原则上应当是涉密人员。

　　第四条　涉密研究生的培养单位须具备符合国家保密要求的保密条件及保密工作机构，建立由导师牵头、研究生教育相关部门、保密工作机构配合的工作机制，对涉密研究生及有关人员履行职责情况开展经常性的保密监督检查和教育。

　　第五条　涉密研究生的培养单位应严格控制涉密研究生的数量和国家秘密知悉范围，涉密研究生一般只能接触、知悉、产生和处理秘密级国家秘密事项；确需接触、知悉机密级国家秘密事项的，应由导师提出申请，报培养单位批准。

　　第六条　不具有中华人民共和国国籍或者获得国（境）外永久居留权、长期居留许可的研究生或因其他原因不宜接触国家秘密事项的研究生，不得确定为涉密研究生。

第二章　涉密研究生管理

　　第七条　培养单位确定涉密研究生，应在研究生开展涉密内容研究或涉密学位论文开题前，由研究生本人提出申请、导师确认，经培养单位按程序审查批准，签订保密协议。

　　第八条　涉密研究生的导师是研究生在学期间保密管理的第一责任人。

　　第九条　培养单位应定期对涉密研究生进行保密教育培训，确保每位涉密研究生每年接受不少于4个学时的保密专题教育培训。

　　第十条　涉密研究生的出入境证件应由培养单位统一保管。培养单位对拟出国（境）的涉密研究生应按有关保密要求履行保密审批手续。涉密研究生经批准出国（境）的，应进行行前保密提醒谈话，签订出国（境）保密承诺书。

涉密研究生应当在返回后一周内，将其出入境证件交由培养单位统一保管，并书面报告出国（境）期间保密规定执行情况。

第十一条 涉密研究生在境内参加有境外机构、组织和人员参与的学术交流等活动，应经导师批准，并进行保密提醒谈话。

第十二条 涉密研究生公开发表学术论文或公布本人相关科研工作信息，必须经导师同意后报培养单位审查批准方可公开发表或公布。

第十三条 涉密研究生因毕业、涉密工作结束等原因不再接触国家秘密事项的，培养单位应对涉密研究生进行保密教育谈话，告知其承担保守国家秘密的法律义务，严格核查、督促清退所有涉密载体，掌握其就业、去向等相关情况，并与其签订保密协议。

上述手续办理完结，涉密研究生方可办理离校手续。

第十四条 涉密研究生在学期间，如发现有违反保密法律、法规和单位各项保密规章制度的行为，导师和有关部门应及时纠正与处理；对不适合继续进行涉密工作的研究生应及时终止其参与涉密工作，并按有关规定办理相关手续。

第三章　涉密学位论文的定密与管理

第十五条 涉密学位论文定密和标志：

（一）学位论文主题、研究方向、主要内容或成果涉及国家秘密的，开题前，导师和研究生必须根据所执行科研项目的密级定密；学位论文主题、研究方向和内容等属于自发研究，没有涉密科研、生产项目或任务支撑，相关内容泄露后会损害国家安全和利益、确需定密的，开题前应当按照要求，向培养单位研究生教育管理部门提出学位论文定密申请（内容包括密级、保密期限和知悉范围等）。

（二）培养单位研究生教育管理部门按照国家秘密定密管理有

关规定，对学位论文的定密申请进行审核，按程序报培养单位定密责任人或有相应定密权的上级机关、单位综合考虑本单位在该涉密研究领域的保密条件保障和人才培养能力决定是否批准。

（三）涉密学位论文的密级、保密期限和知悉范围应根据情况变化，依照国家有关规定及时变更。

（四）涉密学位论文必须在封面或首页做出国家秘密标志。非书面形式的涉密载体，要以能够明显识别的方式予以标注；电子文档中含有国家秘密内容的，应做出国家秘密标志，且标志与文档正文不可分离。

第十六条　涉密学位论文应作为国家秘密载体进行严格管理。对主要场所、过程和环节按照下列要求加强管理：

（一）涉密学位论文的起草、研究、实验、存储等应当在符合保密要求的办公场所进行，按照国家保密有关规定和标准配备、使用必要的防护设施设备，确需在办公场所外使用的，应当遵守有关保密规定。

（二）涉密学位论文的研究过程以及开题、中期检查、论文评阅、答辩和学位审核等环节的有关工作，需按照国家对涉密活动的有关要求进行。

（三）学位论文涉密内容的撰写及修改必须在涉密计算机上进行，使用的存储介质（光盘、优盘、移动硬盘等），必须是由培养单位统一购置、分类、编号、登记的涉密存储介质，按相关涉密设备、涉密存储介质的保密规定要求，按同密级文件进行管理。严禁使用非涉密存储介质及私人所有的存储介质处理涉密内容。

（四）涉密学位论文的打印、复印和装订等制作过程符合保密要求。涉密学位论文的送审应当履行清点、编号、登记、签收等手续，必须采用密封包装，在信封上标明密级、编号和收发件单位名称，并通过机要交通、机要通信或者派专人递送的方式递送。评审后要及时按上述方式收回。

（五）培养单位学位评定委员会做出授予学位的决定后，涉密学位论文应按照保密管理要求和流程及时完成归档工作，研究生本人不得私自留存涉密学位论文。

（六）涉密学位论文未解密公开前，不得对外公开。保密期满后，如需对外公开，应对该涉密学位论文重新进行保密审查，满足解密条件并履行解密手续后，方可对外公开。

（七）保密法律法规等规定的其他管理要求。

第十七条　涉密学位论文在保密期限内，有关人员经审批后可以按规定程序查阅。

涉密学位论文按照国家秘密定密管理有关规定解密后，可以公开的应按要求向国家图书馆报送，并向培养单位图书馆和院（系）资料室等单位移交。

第四章　涉密研究生的权益保障

第十八条　培养单位应事先告知涉密研究生所承担的保密责任和义务，通过多种措施依法维护涉密研究生的合法权益。

第十九条　对涉密研究生因保密原因不能公开发表学术论文等科研成果，培养单位应制定专门的成果考核办法，并在评奖评优方面给予政策保障。

第二十条　培养单位要为涉密研究生提供履行保密义务所需的涉密场所、设施设备等基本条件保障。

第五章　奖励与处罚

第二十一条　培养单位对在涉密研究生和涉密学位论文管理工作中作出突出贡献的单位或者个人，应给予表彰与奖励。

第二十二条　对在涉密研究生和涉密学位论文管理工作中未能依法履行保密管理职责的相关责任人，培养单位和相关部门应当追究责任并给予相应处分，情节严重的，依法追究法律责任。

第二十三条 涉密研究生在学期间未能严格遵守保密管理制度造成不良后果的，视情节轻重给予相应处分；违反保密法律法规造成严重后果的，应依法追究法律责任。

第六章 附 则

第二十四条 各培养单位可以根据本办法制定实施细则。军队院校涉密研究生和涉密学位论文管理依据军队有关规定执行。

第二十五条 本办法自印发之日起实行。

博士硕士学位论文抽检办法

国务院学位委员会、教育部
关于印发《博士硕士学位论文抽检办法》的通知
学位〔2014〕5 号

各省、自治区、直辖市学位委员会、教育厅（教委），新疆生产建设兵团教育局，中国科学院大学，中国社会科学院研究生院，中共中央党校学位评定委员会，中国人民解放军学位委员会，各学位授予单位：

为贯彻落实《国家中长期教育改革和发展规划纲要（2010—2020 年）》，实施《教育部国家发展改革委财政部关于深化研究生教育改革的意见》（教研〔2013〕1 号），保证我国学位与研究生教育质量，特制定《博士硕士学位论文抽检办法》。现将该办法印发给你们，请遵照执行。

国务院学位委员会　教育部
2014 年 1 月 29 日

第一条　为保证学位授予质量，做好博士、硕士学位论文抽检工作，制定本办法。

第二条　博士学位论文抽检由国务院学位委员会办公室组织实施，硕士学位论文抽检由各省级学位委员会组织实施；其中，军队系统学位论文抽检由中国人民解放军学位委员会组织实施。

第三条　学位论文抽检每年进行一次，抽检范围为上一学年度授予博士、硕士学位的论文，博士学位论文的抽检比例为 10% 左右，硕士学位论文的抽检比例为 5% 左右。

第四条　博士学位论文抽检从国家图书馆直接调取学位论文。

硕士学位论文的抽取方式，由各省级学位委员会和中国人民解放军学位委员会自行确定。

第五条 按照学术学位和专业学位分别制定博士学位论文评议要素和硕士学位论文评议要素。

第六条 每篇抽检的学位论文送 3 位同行专家进行评议，专家按照不同学位类型的要求对论文提出评议意见。

第七条 3 位专家中有 2 位以上（含 2 位）专家评议意见为"不合格"的学位论文，将认定为"存在问题学位论文"。

第八条 3 位专家中有 1 位专家评议意见为"不合格"的学位论文，将再送 2 位同行专家进行复评。2 位复评专家中有 1 位以上（含 1 位）专家评议意见为"不合格"的学位论文，将认定为"存在问题学位论文"。

第九条 专家评议意见由各级抽检部门向学位授予单位反馈。硕士学位论文抽检的专家评议意见还应同时报送国务院学位委员会办公室。

第十条 学位论文抽检专家评议意见的使用。

（一）学位论文抽检专家评议意见以适当方式公开。

（二）对连续 2 年均有"存在问题学位论文"，且比例较高或篇数较多的学位授予单位，进行质量约谈。

（三）在学位授权点合格评估中，将学位论文抽检结果作为重要指标，对"存在问题学位论文"比例较高或篇数较多的学位授权点，依据有关程序，责令限期整改。经整改仍无法达到要求者，视为不能保证所授学位的学术水平，将撤销学位授权。

（四）学位授予单位应将学位论文抽检专家评议意见，作为本单位导师招生资格确定、研究生教育资源配置的重要依据。

第十一条 学位论文抽检坚决排除非学术因素的干扰，任何单位和个人都不得以任何方式干扰抽检工作的正常进行，参与评议工作的专家要公正公平，独立客观地完成评议工作。

第十二条 本办法由国务院学位委员会办公室负责解释。

学位论文作假行为处理办法

中华人民共和国教育部令
第 34 号

　　《学位论文作假行为处理办法》已经 2012 年 6 月 12 日第 22 次部长办公会议审议通过，并经国务院学位委员会同意，现予发布，自 2013 年 1 月 1 日起施行。

教育部部长
2012 年 11 月 13 日

　　第一条　为规范学位论文管理，推进建立良好学风，提高人才培养质量，严肃处理学位论文作假行为，根据《中华人民共和国学位条例》、《中华人民共和国高等教育法》，制定本办法。

　　第二条　向学位授予单位申请博士、硕士、学士学位所提交的博士学位论文、硕士学位论文和本科学生毕业论文（毕业设计或其他毕业实践环节）（统称为学位论文），出现本办法所列作假情形的，依照本办法的规定处理。

　　第三条　本办法所称学位论文作假行为包括下列情形：

　　（一）购买、出售学位论文或者组织学位论文买卖的；

　　（二）由他人代写、为他人代写学位论文或者组织学位论文代写的；

　　（三）剽窃他人作品和学术成果的；

　　（四）伪造数据的；

　　（五）有其他严重学位论文作假行为的。

　　第四条　学位申请人员应当恪守学术道德和学术规范，在指导教师指导下独立完成学位论文。

第五条　指导教师应当对学位申请人员进行学术道德、学术规范教育，对其学位论文研究和撰写过程予以指导，对学位论文是否由其独立完成进行审查。

第六条　学位授予单位应当加强学术诚信建设，健全学位论文审查制度，明确责任、规范程序，审核学位论文的真实性、原创性。

第七条　学位申请人员的学位论文出现购买、由他人代写、剽窃或者伪造数据等作假情形的，学位授予单位可以取消其学位申请资格；已经获得学位的，学位授予单位可以依法撤销其学位，并注销学位证书。取消学位申请资格或者撤销学位的处理决定应当向社会公布。从做出处理决定之日起至少 3 年内，各学位授予单位不得再接受其学位申请。

前款规定的学位申请人员为在读学生的，其所在学校或者学位授予单位可以给予开除学籍处分；为在职人员的，学位授予单位除给予纪律处分外，还应当通报其所在单位。

第八条　为他人代写学位论文、出售学位论文或者组织学位论文买卖、代写的人员，属于在读学生的，其所在学校或者学位授予单位可以给予开除学籍处分；属于学校或者学位授予单位的教师和其他工作人员的，其所在学校或者学位授予单位可以给予开除处分或者解除聘任合同。

第九条　指导教师未履行学术道德和学术规范教育、论文指导和审查把关等职责，其指导的学位论文存在作假情形的，学位授予单位可以给予警告、记过处分；情节严重的，可以降低岗位等级直至给予开除处分或者解除聘任合同。

第十条　学位授予单位应当将学位论文审查情况纳入对学院（系）等学生培养部门的年度考核内容。多次出现学位论文作假或者学位论文作假行为影响恶劣的，学位授予单位应当对该学院

（系）等学生培养部门予以通报批评，并可以给予该学院（系）负责人相应的处分。

第十一条 学位授予单位制度不健全、管理混乱，多次出现学位论文作假或者学位论文作假行为影响恶劣的，国务院学位委员会或者省、自治区、直辖市人民政府学位委员会可以暂停或者撤销其相应学科、专业授予学位的资格；国务院教育行政部门或者省、自治区、直辖市人民政府教育行政部门可以核减其招生计划；并由有关主管部门按照国家有关规定对负有直接管理责任的学位授予单位负责人进行问责。

第十二条 发现学位论文有作假嫌疑的，学位授予单位应当确定学术委员会或者其他负有相应职责的机构，必要时可以委托专家组成的专门机构，对其进行调查认定。

第十三条 对学位申请人员、指导教师及其他有关人员做出处理决定前，应当告知并听取当事人的陈述和申辩。

当事人对处理决定不服的，可以依法提出申诉、申请行政复议或者提起行政诉讼。

第十四条 社会中介组织、互联网站和个人，组织或者参与学位论文买卖、代写的，由有关主管机关依法查处。

学位论文作假行为违反有关法律法规规定的，依照有关法律法规的规定追究法律责任。

第十五条 学位授予单位应当依据本办法，制定、完善本单位的相关管理规定。

第十六条 本办法自 2013 年 1 月 1 日起施行。